近现代史料笔记丛刊

上海鳞爪

郁慕侠 著

上海书店出版社

出版说明

　　《上海鳞爪》，郁慕侠著。原书分上、下集和续集 3 册，由上海沪报馆分别于 1933 年 10 月及 1935 年 6 月出版。

　　郁慕侠（1882—1966），上海青浦人。上海龙门书院和江阴南菁书院肄业，上海师范讲习所卒业，清季秀才。入民国后，曾在求实小学、龙门附小任教，1913 年进入报界，先后供职《时事新报》和《沪报》，并任汉口《武汉商报》、天津《益世报》、北京《晨报》等报馆的通讯员。解放后任上海市文物保管委员会编纂，1961 年受聘为上海市文史馆馆员。编著尚有《格言丛辑》、《慕侠丛纂》、《国耻小志》、《痛史》、《可爱的中国共产党》等。

　　旧上海曾是近代中国从闭关转向开放的起点。自 1843 年开埠以来，有关记叙沪上社会变迁的笔札接踵而兴，不下数百种之多。比较起来，郁慕侠的这部作品另有独具的特色可征。

　　首先，《上海鳞爪》与同类撰著多叙晚清至民初史事有别，而是把时段放在 20 世纪 20 到 30 年代前期。所记如戴季陶、陈布雷《天铎报》案、薛大可《亚细亚报》案，及一二八沪战期间日本浪人纵恶实录等，多以说故谈屑为新旧势力分化组合、外敌侵陵危机日亟的时代风云留下印痕，或如《霞飞路上俄国化》《流浪的白俄》等篇，虽属杂俎，仍是研究当时流亡俄侨在沪生活状况的珍贵资料。

《上海鳞爪》最突出的价值，在于它一改笔记类作品多记交游轶闻的常例，而用大量篇幅对当时租界生活的各个层面作具体描述。如以鸽笼、分租、顶租与挖费诸题，详述市民居住状况及赁屋之方式；以小押、质当、做合会诸题剖析民间金融拆借之惯法；以堂彩、小账、抢油王诸题介绍市井交易之通例；以裤管大小、硬领高低、染指画眉诸题勾画女性衣饰风尚之流变，都是详实的社会生活与经济史料。又如生意和尚、荐头店、缝穷、水鬼、老虎灶、梳头娘姨、叫火烛等许多曾经盛行沪上的社会服务性职业行当，如今湮失已久，也不见有专志存载，但本书俱有细录，对留心这类掌故的读者来讲，弥足珍贵。至于书中为数不少的沪语掌故，如野鸡、吃豆腐、十三点、卖相、虚头等等，更是研究沪语流变的可贵资料。

旧上海素有"染缸"之名，正如天虚我生（陈蝶仙）在本书序言中所谓"魑魅魍魉，施其技俩"，陷井比比。《上海鳞爪》于此着墨亦多，凡烟赌娼匪、隐语黑话、秘闻内幕，莫不"赤裸裸的描写出来"。据作者自述，该书初编上下两集出版后，"多承海内外读者不弃，贻书奖借，络绎不绝"。可见在当时曾起到发奸摘伏、警世惩劝的积极作用，现在则可以作为治史者的参考资料了。

这次重印，以上海沪报馆初版排印本为整理底本，将初编、续集合为一帙，唯顺序依旧以存原书，另加新式标点并纠正讹字，对个别不适合现代读者阅读的内容，由整理者作了适当删节处理。又该书初编上下两集出版后，作者的好友叶仲钧氏曾逐条征取是书本事，撰成《上海鳞爪竹枝词》233 首，陆续刊于《沪报》，颇受欢迎；嗣又汇集成书，于 1936 年由上海沪报馆出版。因这些竹枝词对增添阅读本事趣味或阐发原作旨意别具一功，故作为另编附入，以飨读者。

本书整理者为洪佳期、娄万锁、邱立波。

上海书店出版社

目 录

序

上海社会情形，诚所谓五花八门，千妖百怪，无奇不有。此书虽然不过仅仅披露一鳞半爪，然而窥豹一斑，亦足以引起注意，使人有所认识。大抵一般青年，涉足于社会之初，往往受环境支配，身心不由自主。既无知人之明，近墨近朱，罔知所择，而是非之观念，亦且混淆于众咻之间。于是魑魅魍魉，得以施其技俩，推而内之陷阱之中不复能自振拔者，比比然也。郁君慕侠尝著《格言丛辑》，一欲以正人心为主旨。曩在军阀时代，犹且人手一编，由军事长官散给于士卒，颇风行于一时，故其续编乃至二十集之多。今虽已置高阁，但其宗旨不变，故又撰纂是书，将使茶馀酒后之谈，借作千秋之鉴。盖其所举之事，纵为琐碎，亦必寓以劝惩；而于成功人之历史，则多叙述其缔造之艰难，用以鼓励青年，一革其消极悲观之念，是于世道人心诚可借为对症发药。以视小说家言徒作空中楼阁引人兴趣者，固不可同日语也。庄子有云:"大声不入于里耳,折扬皇荂,则嗑然而笑。"郁君此著,正取此旨,所谓卑之毋甚高论,其收效之速当在《格言丛辑》之上,可断言也。

癸酉七夕天虚我生识于西湖息养社

引言

　　余饥驱海上，从清季到今，一刹那已二十五年了。此二十五年所经过的过程中，心所接，目所触，耳所闻，奇奇怪怪，事事物物，也不知其凡几，真是沧海变桑田，华屋成山丘，彷佛近之。偶一追溯，备极感喟。现在只凭脑力记忆，或朋侣述告，或读书所得，一件件、一桩桩，赤裸裸的描写出来。因为没有统系的演述，故名《上海鳞爪》。

　　先吾而作这种体裁之书，前有梁任公的《外交鳞爪》，后有徐志摩的《巴黎鳞爪》。但是二公底作品，一记坛坫上之琐闻，一述异国的杂碎，与余所作体裁似同，取材则异。盖《上海鳞爪》包括海上全社会的形形色色，虽至一事一物、一人一传，亦尽量地搜求。在大体上，或关掌故，或系人事，或志风土，或记典章，或述秘密，或已往，或现在，都一一写出，与专记一事，和撷拾外国风光者，截然不同。

本书记载各事，偏重于租界方面，因余居于此，食于此，服务于此，租界上的情形，比较的明了一些，是以记载独多。至其它方面，闻见较少，而演述也较稀，不过举一反三，可概其馀了。

书的体裁，虽无统系，实则每篇均有子目标出，自首至尾，都告段落。阅者目谓传述固可，秘史亦可，如目谓笔记更无不可。

惟是余心为形役，草草劳人，往往手忙脚乱地仓卒写来，错误阙漏，在所难免。甚愿明了上海社会情形的同志们，加以匡正，则不禁焚香祷之，跂予望之。

中华民国二十二年九月

题词

其一

叶仲均

少年萍迹寄申江，泪满青衫血满腔。卅载饱尝尘世味，笔如神杵把魔降。

世情怪诞寸心知，为救人群放厥词。仗得一枝扛鼎笔，五光十色显穷奇。

春江满地布阴霾，揽辔澄清愿总乖。且把眼前秦镜照，一鳞一爪续《齐谐》。

莫道文人性太痴，简中消息少人知。兴酣叙到精微处，疑是生公说法时。

最是洋场十里中，五方杂处不同风。高抬慧眼从旁看，四十年来作寓公。

为民喉舌不辞劳，文字应推一代豪。引得金绳开觉路，此公风骨最嶒高。

全凭正气主文坛，笔挟风霜兴不阑。五浊世中描现状，直教魑魅遁形难。

笔端愈老愈精神，莲出污泥不染尘。社会流传佳著作，读之庶不涉迷津。

其　二
秦伯未

赢得生花笔一枝，江郎垂老尚雄奇。半鳞片爪弥堪惜，中有忧时血泪丝。

江湖落拓镇相怜，闲话沧桑五十年。不尽莺花开更落，有谁孽海渡无边。

众生色相不堪描，黑幕重重暮复朝。温峤燃犀幽怪照，更从何处着人妖。

阅尽兴亡两鬓苍，羡君义侠具心肠。一编问世流传速，声价居然贵洛阳。

其　三
汪企张

避世编桴海上浮，年年尘梦蜃成楼。而今不用燃犀烛，魑魅都教上镜头。

灿眼花丛照眼红，落茵堕溷委东风。春江一觉繁华梦，多少青年陷此中。

心仪禹孟哀衰世，名教从来我辈尊。酒热夜阑心绪乱，朦胧惟记浦潮痕。

四维旁落伦常绝，臣慝神奸气势张。黑幕重重都揭破，笔锋犀利放寒芒。

其 四
顾伯超

不古人心大可怜，昭垂炯戒当谈天。《齐东野语》难搜遍，沪北浇风尽揭穿。百怪千奇掀黑幕，晨钟暮鼓惕青年。一鳞一爪皆珍秘，恍比逃人木铎宣。

其 五
汪于冈

那堪常伍俗沉浮，豪气频销百尺楼。千古浊流奔歇浦，劳君
- - 记从头。

落英处处可怜红，十里银花舞晚风。真个销魂真个苦，一般都在劫灰中。

话尽沧桑白尽头，申江小史信风流。齐纨蜀锦知多少，快剪轻裁抵并州。

天爵早随人爵尽，四维从此为谁尊？和戎割壤追南渡，涕泪新痕忆旧痕。

洋场百载伤心史，国难何曾歇管弦？白日群魔争暖室，黯然展卷莫终篇。

为知为罪《春秋》笔，何去何从各主张。孽海一经犀烛照，彩

毫万丈透光芒。

其 六
范云六

海上离奇太不该，人妖白昼尽徘徊。一鳞半爪弥珍惜，万语千言妙剪裁。漫说形容难尽致，谁知秘密忽公开。头头是道无遗漏，都自生平阅历来。

其 七
童爱楼

现身说法学生公，三峡辞源倒不穷。别得巍巍铜像铸，大功刚在立言中。

贾谊上书真痛哭，东坡说鬼妄言之。梦泡世事瞬千变，都付文通笔一枝。

文章笑骂骂文章，滋味酸咸试细尝。要把诙谐当药石，故翻格调学东方。

觉世大文杂滑稽，时新花样脱恒蹊。要凭价重鸡林笔，唤醒皇华百万迷。

知人知面复知心，世态人情个里寻。琐屑街谈巷议事，一经点铁便成金。

信手拈来笔不枯，妖魔鬼怪足胡卢。隐身无术遁无地，一幅温犀秦镜图。

拙著《上海鳞爪》辱承诸友好纷赐题词，拜读之馀，曷胜铭佩！今按收到先后为次序，一并刊入，以志荣宠。惟佳句中有奖借过当者，殊令人惭感无已也。谨附一言，以谢诸君。（慕侠附启）。

上海的人口与贸易额

上海本濒海一县治，三面临海，一面依陆，未辟租界以前，也不过普通一县治。自从清朝道光间，鸦片战争失败后，中国应英国的要求，成立《南京条约》，开放宁波、汕头、福州、厦门、上海五处为通商港口，迄今已近九十年了。最初（即一八五〇年）的英租界，沿岸建筑不过五十英尺，界内仅有住宅两处，海关和仓库而已。过了两年，开始建筑住屋、开辟道路和设置码头等工作。起初收入月不过五千元，经过几十年的时间，现在已有惊人的改变。

起始的贸易额，年输入四百三十万两，输出一千〇四十万两，两项合计还不到一千五百万两。到了民国十八年，贸易的总额已达九亿九千八百万两。公共租界的收入，也有一千二百四十七万两，支出九百四十四万两。全沪人口数，已超过三百万了。

在许多人口中,当然以中国人为最多,日本人次之。兹据最近调查,各国留沪人口,日本计二万四千一百廿九人(台湾九百〇五人,朝鲜四百十二人),英国六千二百廿一人,法国四千五百十九人,美国一千六百〇八人,俄国三千四百八十七人,印度一千八百四十二人,葡国一千三百三十三人,还有德国、比国、荷兰、瑞典、土耳其等国人数最少,各约数百人,国别共有四十国之多。

复杂之社会

上海为通商大埠,中外毕集,人口繁夥,年有增加。据最近调查,全沪人口已达三百数十万。试以如许人口中调查其籍贯,不但全国二十二省均相与偕来,即欧、澳、非、亚各洲人民也俱完备,不过有多少之分别。人种既不同,籍贯又各异,因此一家之左右邻居,向例不相往返,不通红白。甚而一屋之中,同居的虽多至数家(因房价昂贵,一家负担不起,将一室中的馀屋分租于人,即俗呼"二房东"、"三房客"之称),也仅点头答礼而不问姓氏者。其复杂与奇特情形,实为内地各处所无,揆诸亲邻善仁之意则相去远了。

日本在上海经济力之发展

虹口到杨树浦迤逦一带几十里地方,差不多已为日人贸易和居住的势力范围,纺织公司林立鼎峙,如东洋纺、钟纺、东华纺、同兴纺、上海纺等。由杨树浦再上些,便是日本邮船码头,如汇山码头、大阪商船码头、满铁码头等。沿黄浦滨的建筑物,如正金银行、台湾银行、日清汽船公司、三菱三井两株式会社,都是厦屋巍峨,气象万千。还有沪西小沙渡的各纺织厂,也有好几家。

日人的事业,除邮船、绸布、食料、杂物外,以纺织业为最盛,有内外绵、大日本绵、上海纺织、日华纺织、裕丰纺织、丰田纺织、上海制造绢丝等各大工场,织机有一万座以上,占吾国纺织业十分之三,所雇华工共计五万多人。

日本商店,以虹口一带为密集区域,如吴淞路、鸭绿路、西华德路和北四川路之北端,差不多已成了日本街市。

从去年"九一八"东北事变后,沪商一致起而抵制日货,日本商人大受打击。他们不从根本上觉悟,徒怀恨抗日会,复酿成"一二八"之惨变,结果又是吾中国人人吃其亏。

分租房屋之习惯法

年来房租日贵,独租一屋,实匪容易。故每向二房东分租一间或二间者,触目皆是,甚至一幢房屋之中,分租至四、五家或七、八家者,也习以为常。试观街头巷尾,高粘红纸之分租招贴,纵横错杂,阅之目迷,益信分租于人的多。旅沪居民欲在二房东处租屋居住,等到看定房屋后,彼此言明月租若干及何日起租。说定,先付定洋(定洋不限多寡,至少一元,多则二元、四元、十元不等,视租值之厚薄,订定洋之多寡)。付给定洋后,二房东即将召租毁去。还有租费,俟迁入后例须一次付清,以预付一个月为限。将来倘彼此不合,可先于租期未满前十日关照二房东或三房客,俾得另张招贴,召致他客。也有三房客已付定洋,尚未迁入,二房东忽不愿租借者,应付还加倍定洋。又彼此退租,一年中惟废历正月、五月、六月、十二月四个月,照例不准退租。苟有特别事故与亲戚关系的,也可随时退租,可作别论。此二房东和三房客相互间之习惯法。

二房东受累

近来世风浇漓,匪盗日多,为非作恶之徒,往往向二房东租屋一间,作为秘密机关。但一旦事泄捉将官里去,牵涉二房东对簿公庭、调查传唤,已不胜其烦劳。等到案情大白,二房东虽无罪,然已饱吃虚惊不浅。此等无辜受累,实有冤无处告诉,故有二房东者为预防计,乃不粘招贴,转托亲友介绍三房客。盖介绍来者必有根底,且必正式良民,将来可免意外之殃。又二房东瞧看屋人是粗汉一流,无妇女同来,当场即假称此屋业已租去,或故昂其值,以示拒绝不租之意。有屋分租者,亦其难如此。

故有吃过冤枉的二房东,在召租上面加书"无保免进"四字,即指明如无保人拒绝租屋之意,也是一种防患未然之道。华界方面,不论向大房东、二房东租屋,概须具保。迁入之日,更须向公安局户口处报告领照,以免歹人混入。

挖费与小租

租借房屋,除了缴付租费外,还有两项例外的费用,一曰挖费,二曰小租。

譬如某处有座市房,本由某甲开设店铺,已居多年,相安无事。后来因为某乙觊觎他的市房,不问情由,暗暗到经租账房处私下运动,愿出酬劳金若干。一经运动成熟,再由房东名义关照某甲推托收回自用,限期迁让。因租界上租屋的习惯法,房东要收回,房客要退屋,只须一个月前关照,即可双方如愿以偿,故在某甲方面只好忍痛搬迁。至某乙达到目的后,所耗去的运动费,大者数万元,小者数千、数百,概无一定数目,要看乙方需要之殷否与市房位置的如何而定。此项费用名叫"挖费"。

至"小租"一项,起初向大房东租屋时付给。所称谓"小"者,即别与正当租费之外。一说,此项小租都归经租处职员瓜分,不入大房的腰包,故以"小"字称之。说到数目,也无一定,最少一个月(譬如租费每月五十元,小租也须五十元,馀类推),多则三个月、五个月不等。现在小租已成租界上普遍的恶习,无可避免地。如在冷僻地方新造几幢房屋,无人去租赁,由房东登报召租,免去小租的也有,不过这是很少的例外。

鸽笼式之房屋

全沪人口虽有三百数十万人之多,倘使分析言之,无产阶级的穷小子倒占去了十分之七八。以故关于衣、食、住的"住"字问题,除去有产阶级自己盖造了高楼大厦和欧式洋房外,大多数均租房住宿。如果租赁一幢或两幢房子独家居住,已经是很不多见。大概租了房子,因租费昂贵,力难独居,都自己添加几只搁楼和屋顶房间,然后另召房客分居,俾可在租费上减轻一些负担。故往往只有一幢房子,多有四、五家或七、八家房客同居的。屋窄人稠,闹得乌烟瘴气,也不遑顾及了,原因总为经济的逼迫关系而无可如何之事。其他清洁上、空气上,亦只好马马虎虎。至于卫生和不卫生,都付之不问不闻。

时人称这种屋窄人稠的房子,加了一个尊号道鸽笼式之房屋,可谓形容尽致,感慨同深。但依照目下的时势,地产一天的值钱一天,房租一天的高涨一天,再过几年,要住这种鸽笼式之房屋也有些吃力了。

三层楼

华界和法租界的弄堂房子,多有建筑三层楼者。惟公共租界的房屋只有店面,可以造三层起到十层、数十层,弄堂房子仍旧以二层为限。因工部局打样间,恐弄堂房子居户众多,易肇火灾,故不肯签出照会,也是防患未然之道。

公馆马路的骑楼

法租界有一条很长的公馆马路(俗呼"法租界大马路"),东头到黄浦滩,西头到八仙桥,现在沿路新建起的市房,大都筑有骑楼。每逢天雨，人们走在人行道上，一点儿不沾湿衣鞋，因上面有骑楼遮蔽之故。这种骑楼式的市房，只建筑在法租界公馆马路上，其他地方未曾有过，而公共租界也未有此种市房。据说，香港和法国巴黎两处，这种市房早已建筑得很多了。

半条大马路

东至黄浦滩、西到泥城桥一段之南京路（俗呼"大马路"），从前用水泥铺路，后来都改用赭色香梨木铺砌，所费不赀。相传全路经费由入英国籍之犹太人哈同捐助，未知是吗。又南京路一带之房屋地产，大半由哈氏购置，故哈有"半条大马路"之豪誉。

公共租界之三公园

公共租界之公园，为外人经营的，如黄浦滩（即外白渡桥堍）公园、北四川路底之虹口公园和梵王渡公园（又称兆丰花园）等三处，都饶有亭台楼榭、树林花圃之胜。初辟的时候，吾华人本可不费分文，随意进出，与西人享有同等的权利。后来因有少数不守规则份子发生作践举动，就此不准华人进园，更竖立一牌，大书"华人与犬不准出入"八字。于是吾华人欲游公园，只好望门兴叹，其可耻为何如呢？

嗣后西人方面自己想想也说不过去，另外在里白渡桥堍辟一小小园林，专为华人游览之所。不过这座园林地方很狭小，布置又简单，倘和黄浦滩等三公园比较一下，那就天差地远了。

四年前，经吾国人及纳税会董事等力争，工部局始允一律开放。惟预防作践和补助起见，不论中西游客，每人概取游资铜元十枚，长券每人一元（可得游览一年之利益）。后来不知怎样，每人铜元十枚之游资涨至小洋两角了，而长券仍旧一元，并不增价。

从前禁止华人入园时，日本人也在其内。后来日人战胜俄罗斯，一跃而为头等国家，享受国际上的荣誉，即取消前例，可以自由出入。惟吾居主人翁地位之华人依然与畜类一样，不准进园。此虽过去的耻辱，但偶一想来，犹有馀痛。在去年起，又在虹口汇山路辟一汇山公园，以故连原有之三公园，已成为四公园了。

桥梁之遗迹

当十五年前，英、法租界交界的洋泾浜未填满时代，有桥梁多座，如西新桥咧，东新桥咧，郑家木桥咧，带钩桥咧，三茅阁桥咧，二洋泾桥咧，三洋泾桥咧。自填满以后，行经其间，只见一条平坦广阔爱多亚路，不知此条大路即十五年前的柴船、粪船天天泊入其中，秽水淤塞之洋泾浜呀！还有法租界之八仙桥、太平桥、南洋桥、褚家桥，英租界之三座泥城桥（即中、北、南三桥），自填成马路后，这种桥梁久已荡然无存，行人过此只可想象其遗迹罢了。再有虹口之提篮挢，北京路、浙江路相近的偷鸡桥（一说斗鸡桥），拆除填满，为时尤远。作者在清末到沪，已不见此等桥梁。

长三与幺二

海上妓院林立，最上等的曰"长三"，如北平之清音小班；次等的曰"幺二"，曰"咸肉"；再次曰"雉妓"，曰"烟妓"。此种名称，凡涉足花丛者都能道之，如询以长三、幺二命名之意义，则又瞠目不能答。兹据熟悉花丛掌故者说，在满清中叶初辟租界设立长三、幺二妓院时，凡游客前往茶会须给资三元，召妓侑觞（即堂唱）每次亦需三元；幺二则比较价廉，每次茶会一元，堂唱二元。此"长三"与"幺二"命名之由来。降及今兹，到长三妓院茶会，久已取消给资之例，每次堂唱也低减至一元，且一般括皮朋友，每逢节边付还堂唱费时，间有减半与之。惟现在之幺二妓院仍旧率循旧章，未见折减。故有"滥污长三板幺二"之沪谚，殆即指此。

娼妓籍贯之不同

海上娼妓籍贯，大别之只有五帮，曰苏帮、曰扬帮、曰粤帮、曰甬帮、曰本地帮。实则仔细观察，差不多各省都有，不过人数有多寡之别了。除国籍外，还有日本艺妓、外国娼妓（外国以俄妓为多）。至各娼寮中，如长三、幺二两处，以苏籍为多；雉妓院和花烟间，以江北帮（即扬帮）为众；咸肉庄、碰和台等，各帮都错杂其间，没有确定的籍贯。

野鸡之释义

海上之三等娼妓，亦犹平津之下处，然一般群众口中不称

"下处"，都呼"野鸡"（即雉妓），此与平津不同。按鸡为禽类，在家豢养的曰家鸡，在郊野中自由生活的曰野鸡，毛羽较家鸡尤美丽，性喜翱翔，尝四出觅食，行止靡定。今人称此类娼妓为"野鸡"者，因外表服饰之鲜华，其美相若；而深宵傍晚往往徜徉路旁或往返茶室间，川流不息，厥状很忙，似和在山陬荒僻中天然之野鸡相类。此所以呼三等娼妓为"野鸡"，义即指此。

女校书

从前的高等妓女，除长三外，还有女校书。每晚坐了四人呢轿，到福州路天乐窝、小广寒各书场去弹唱，轿前有灯笼一盏，上列"公务正堂"四字。客人属意该妓时，先点戏如干出，作为问津的先容。她们说，能到书场弹唱的称"女校书"，不弹唱的称"长三"，其实同在一窑子里，有什么区别呢？近年来这种书场久已闭歇完了，妓女坐轿风气也早已革除了。从前还有一种幼妓，到书寓弹唱时不坐四人轿，由龟奴肩捐疾走，呼喝而过，厥状很为奇观。

韩庄开一炮

韩庄、台基、咸肉庄这一串名词，都是男女短时间的泄欲场所，故又叫"人肉市场"。至韩庄地点，如英租界之白克路、牛庄路，法租界之杀牛公司、南阳桥等处为最多。

什么叫"开一炮"呢？就是逛韩庄的人们，到了那里临时看中一人，并不住夜，只为解决一时的性欲冲动而已。每"炮"需费三元，另外加给小账四角，这是一种普通的办法。倘使你要点中某某明星或某某名姨，那就不在三元之例。此种泄欲又叫"斩一刀"，如用字义来讲，都在可解不可解之间。

借小房子

男女恋爱到成熟时期，双方感觉着开房间的不经济和不便当，于是去租借一间房子，为实行同居之爱。不过双方是偷偷暗暗的，是不公开的，故名"借小房子"。其实住在上海的朋友大多数为着经济困难，对于住的问题，谁不是只租一楼或一厢？而且将会客间、厨房、卧室、浴室、便室、餐室，大都挤在一间屋子里，虽不卫生，也只好将就将就。这种小而又窄的居室，如系正式眷属，人却不说你"借小房子"了。倘使非正式的结合，无论你怎样阔绰，租了很广大很华丽的洋房，人们虽改口说一声"借小公馆"，而这"小"字到底也不能免掉罢。

倡门中的术语

说起这个术语，差不多行行都有。什么叫术语？就是一业中的隐语，在江湖上混饭的，如医卜、星相等更多。他们一举一动，一衣一食，一风一雨，对自己人说话都有隐语，而且叫隐语为"春典"。

妓寮倡门，居然也有隐语。如说嫖客和含苞未放之妓女私通曰"偷开苞",说嫖客另恋他妓曰"跳槽",又说"越界筑路",说嫖客和妓女销魂曰"落水",说嫖客到生意冷淡之妓院报效曰"烧冷灶",说一个妓女同时和两个嫖客相好曰"白板对煞",说妓女倒贴小白脸曰"养小鬼",说嫖客在倡门中占着便宜曰"吃豆腐",说妓女之靠山曰"撑头",说妓女向嫖客假献殷勤曰"灌米汤",说妓鸨向嫖客额外需索曰"开调夫",又说"劈斧头",说妓女之适来月经曰"亲家姆上门",说嫖客只叫一回堂差曰"丹阳客人"("丹阳"谐"单洋",即是说只有一只洋的交易),说嫖客到倡门吃酒碰和曰"做花头",妓鸨自己说在倡门中混饭曰"吃把势饭",又说"吃七煞饭"("把势"的"势"字语含双关。"七煞"者,如饿煞、饱煞、吓煞、忙煞、苦煞、跑煞、气煞)。

咸水妹

咸水妹是中国人专营外国生意的娼妓。她们既称"咸水妹",定章很严,只准接外不许接内。每周由卫生处派人检验有无毒征,才许给照营业,如患花柳即勒令入院治疗,以免贻毒外宾,防范很周。公共租界上以虹口之鸭绿路,法租界以磨坊街与典当街,为咸水妹群聚地点。每到薄暮深宵,尝见白衣白冠之水兵在该处踯躅徘徊,意有所属,而她们亦浪声秒语,媚眼横飞,以施其勾搭手段。

至"咸水妹"三字的意义,因为香港初开埠时候,外国人渐渐来的多了,要寻妓女也没有。为什么呢?因为他们相貌和吾们两样,那时大家都未曾看惯,看见他那种异相没有一个不害怕的,那些妓女谁敢近他?只有香港海面上那些摇舢板的女子,她们渡外国人上下轮船,先看惯了,言语也慢慢地通了,外国人和她们调笑起来,她们自后就以此为业。香港是一个海岛,海水是咸的,她们都在海面做生意,所以叫她做"咸水妹",以后便成了接洋人的妓女之通称。这个"妹"字,是广东俗语女子未曾出嫁之意。

轿饭票之三变

轿饭票是倡门中给与客人的一种车费。当那民初时代,做主人的到妓院中去请客,末了,自己拿着一叠局票、一枝破笔,遍询客人的车夫叫什么名字,边问边写。如车夫叫阿金,局票上先写"阿金"二字,接下去再画二个圆圈,暗示二百之数,旁边写主人的姓字和月日。再将写好各票一一留入底纸,然后发给客人,转发他的车夫,这就是轿饭票。到了领取时候,须将底纸对过,以防杜造冒领。每张价值虽只二百文,而手续也很繁杂。后因主人和倡门方面都觉着不便利,就此取消这种制度,由妓院自制铜牌,式样各别,有花篮的、桃子的,也有古瓶的,四面镂有花纹,中镂妓名,很觉精致。如得铜牌一块,可往发牌子的妓院换钱二百。后来客人因着铜牌好玩,大家都留藏起来,作为一种玩物。于是倡门中发出的多,收回的少,每逢花头不够分发,于是月月须添制铜牌,比较从前用局票代替更觉麻烦。正在为难当口,有妓院左近的烟纸店老板,乘机印好一种轿饭票,形式比现下的辅币券略大些,而妓院预先去买,更有折扣,如五十张计钱十千文,可打九五或九三付款。此票有两种便利，妓院趸购可得折扣之益，并且免除付钱之劳。因车夫得票后，按照票上刊印店号直接自往兑换，以故十几年以来流行这个制度直到现在了。从局票书写到烟纸店发行，已是一变三变，小小的一张轿饭票，已有如许的变化。

再说烟纸店方面的利益，（一）贪图趸进零出；（二）发出去的票子，到了后来只有少不会多，这就是它们唯一的希望。倘无油水可捞，烟纸店老板不是呆虫，那肯化了印刷费去巴结倡家呢？

流动的卖唱

卖唱这个生意，大而言之，像那舞台上的新旧艺员、群芳会上的妓女和说书弹唱及一切杂耍小调等等；小而言之，如露天舞台上的角色、走弄堂的男女和跑馆子的歌女，都是以卖唱为生活。他们的总诀，只有一句道"吃开口饭"。

现在且说跑酒菜馆、旅馆的歌女们，全沪计之也有一二百人。歌女的年龄都在十二、三到十七、八，她们的身世，大率由假父假母价卖而来的养女，教会歌唱后即天天从事跑唱，以其所得代价养赡她的假父母。歌女出来，也穿了一身花花绿绿的摩登衣服，搽了脂、抹了粉，后面跟随琴师一人。到达酒菜馆房间时，瞧见客座有人在内聚饮或谈话，她即搴帘而入，不召自至，手持一白布折子，满列平剧剧名，嬲人点戏，每出二角。倘客不允，她必再三歪缠，必坚拒之才悻悻而去。此种跑馆子、跑旅馆的卖唱歌女，发现迄今，也有七、八年的历史了。

点大蜡烛

长三倡寮的小先生（即幼妓）如第一次经嫖客梳栊，她们却郑重其事，那天晚上必嘱嫖客点了大蜡烛，雇了一班乐工吹吹唱唱，以作破瓜的盛大纪念。点大蜡烛的顽意，在妓家视之都目为很庄重的典礼。

还有一种迷信嫖客，如今夜梳栊了小先生，点了大蜡烛，撞了红，必可生意兴隆，大发其财。故很有在那商业场中触了霉头失败回来的商人，都要到倡寮中去点一次大蜡烛，缠头虽巨，千金不惜。但是倡寮中的真正小先生很少，都以尖先生混充（虽称未经人道之幼妓实则早已破瓜的，叫"尖先生"），狡黠的鸨母施用人工来救济，能使尖先生变了小先生。而嫖客和尖先生梳栊，一样地可以流丹盈滴，似不胜其葳蕤者，其实已中其计，而瘟生嫖客，却在昏昏沉沉中已堕其术而不知不觉了。

老、少

"老爷"、"少爷"的称呼，应该随帝制以俱去，但是积习相沿，牢不可破。中华民国虽成立了二十多年，这个挟着帝制臭味的"老爷"、"少爷"，依然常常可以听得到这种称呼。

不过倡寮中叫起"老爷"、"少爷"来，早已删除了"爷"字。譬如你是姓张的，她们叫你一声"张老"，你如姓李的，叫你一声"李少"。至于老、少的分别,看你的年龄而定,如果年老一点称"老",年轻一点称"少"。

倘使姓苏的老头儿去逛窑子,她们叫起你"苏老"来,试问你答应不答应?如果答应下去,你已自承为梁上君子了,因为沪谚呼窃贼为"苏老码子"。或者有一年轻人姓傅,他们叫你"傅少","傅少"两字又和"火烧"谐音,"火烧火烧",你答应呢还是不答应呢?倒是一个怪有趣的问题。

一说倡门中称"某老"、"某少"而不称"老爷"、"少爷",是她们一种不愿意称"爷"的表示。又说特为缩去"爷"字,以示其亲热。

公务正堂

三十年前,作者犹在童年,随先君来沪公干,瞧见妓女出堂唱和上书场(彼时书场之风气很盛,如福州路一带的天乐窝、小广寒等,都为妓女弹唱之地)的当口,倘使她是浑倌人(即已破瓜之妓女),必用青呢四人小轿舁之飞行。桥前一个龟奴,拿着灯笼一盏吆喝而过,灯上粘着四个红字,大书特书曰"公务正堂"。

按清代官制,起码七品知县才可称一声"正堂",典史和县丞只称"左右两堂",故佐杂班子呼知县须尊称一声"堂翁",就是此意。而彼时之妓女竟敢僭称"正堂",不但咄咄怪事,而且胆大妄为。况出堂唱和上书场都是淫业一类,如称"淫务"还算合理,她们偏不称"淫务"而称"公务",又为名实不符。岂妓女卖淫,也是一种正当的公务吗?

征　歌

在欢乐场中应酬,欲召伎女来侑酒,名唤"叫堂唱"(平津地方称"叫条子")。不论生张熟魏,局费一概暂欠不须现付,不若北平、天津之当场付给,概不挂账。此指苏帮、本帮娼寮而言,倘召粤妓侑酒,局费也如平津一样一律现开销,每局二元至一元,随客付给,并不计较。

北四川路一带的广东菜馆,每室中都挂有粤妓花名牌一块,上书"粤花一览",下书妓名,客可按图索骥,书条叫唤。菜馆中的局票与其他菜馆也微有不同,上首冠有"征歌"两字。粤妓出局侑酒多自弹自唱,故侍女必挟一洋琴(或胡琴)随来,其用乌师操弦的很不多见,非如苏妓出局歌唱必雇乌师担任操弦之职。

野鸡拉夫

军队中每逢开拔当口,常有拉夫举动,不料马路上鬻淫之野鸡也有拉夫的丑事。如公共租界之劳合路、贵州路、浙江路、大马路先施公司后面、三马路中法药房门口、法租界之东新桥、东西两自来火街和八仙桥、褚家桥,都是野鸡站立的大本营,瞧见男子单独行过,不论老的少的、漂亮的蹩脚的,她们都要上来拉扯。如看你诚实一点而不愿被拉者,她们立刻召集了四、五人或七、八人蜂拥而来,拉头拽脚的架你进去,任凭你力大如牛,到此也没法摆脱。进去之后,如意志坚决,不愿销魂,起码要牺牲小洋二毛才放你走出，她们的术语叫"接财神"。

她们的工作或在傍晚或在深夜最为努力，更有在青天白日也会拉扯起来。这副凶如虎狼的状态，实在可恨可怜。因为她们受了环境的支配、生活的逼迫，不得已而出此。原情度理，岂不既可恨而又可怜吗？

去年春间，英、法两租界警务处特派出许多警捕和便衣侦探，又备了一辆黑色警备汽车，驰往野鸡的丛集地方，一个一个的捉到巡捕房去，或拘或罚，以示惩儆。经过了几次捕房捕捉之后，现在已不敢在马路上明目张胆地拉夫了。

到了今年禁令稍弛，她们又鬼鬼祟祟地站出来，做她的拉夫工作，而在冷僻地方又猖狂如旧。唉！孰令致之而至于此？真是予欲无言。

露天通事

二十年前的露天通事，人数很多，生意也很好。究竟露天通事是怎样一种生意呢？就是外国人到城内南市去游玩或购买东西，他们作毛遂自荐，担任向导和翻译，末了，或在购物店铺中拿取回佣，或由外国人给与酬金。他们无固定的地点，只在南市各口跑来跑去，瞧见外国人进来了就上前去兜搭，自告奋勇担任舌人职务，此"露天通事"之所以得名。从前依此为生的也有二百多人，现下这项生意已大不如前。因为近来的外国人大都精通沪语，进城游玩和购买东西一概直接交谈，无须舌人，故此业露天通事的人数也就大减特减了。

东洋女堂馆

现在的日本自命为一等强国了,不过五十年前(即清季同末光初),他们的卖淫妇女却是遍地皆有,最多之处在那虹口一带。彼时有所谓"东洋茶馆"者,雇用一班年轻浪妇充女堂馆,斟茶、抹桌等一切执役都是女堂馆担任。茶客趋往品茗,可随意调笑和摸索,她们不但不怒,反曲意奉迎,唯恐不周。因此吾国的裙屐青年、善摘野花者,莫不趋之若鹜。倘欲真个销魂,只须给她大洋二、三元,即可达到泄欲目的。

后来伊藤博文来沪,侦知东洋茶馆的内幕,以为此种堂而皇之地丑业大坍东洋人之台,于是就下令收歇,不准开设。现在东洋茶馆虽久已收歇了,惟东洋妓馆迄今在虹口区域内高张艳帜的仍旧很多。

青莲阁茶室前年迁移至福州路、浙江路转角时候,登载广告说,雇用东洋女堂馆招待茶客。后因彼此条件不合,此议作罢,故未实现。今附记于此。

包车野鸡

在十年以前,每到深夜时候,南京路上常有一种姿色美丽、衣服入时的雏妓,坐了一辆簇新的包车,在路边缓缓而行。她在车上更不断地左顾右盼,媚眼横飞,遇有贾大夫辈偶然向她行一注目礼,就满面笑容的搭讪上来,拉车的车夫也会贼忒嘻嘻地对着你扮鬼脸。她知道生意来了,轻轻地操着苏白说道:"阿要到倪屋里去（读若起）坐坐。"你只要稍为颠一颠头，车夫就掉转车头，拉回鸡巢，你也就可做她的入幕之宾。至于夜度资、茶会费，比较在沿路乱拉行人的雉妓要昂贵一点，因为她们是"包车野鸡"呀。南京路西头的德裕里和白克路的珊家园，都是这种娼妓的集中地。

烟、赌、娼

上海的社会，物质上是文明极了，其实是烟、赌、娼三项结合之社会。试悉心体察之，处处有烟、赌、娼的成分在内，虽不能谓为全上海如是，至少限度也有八分以下七分以上，事实如此，并非苛论。第一是鸦片烟，迭经政府机关、地方团体一再严禁，一再呼号，而私运、私贩、私吸三项，竟随地皆有，无时无之。因此已戒者复思吸食，未吸者相率成瘾。一班青年男女竟视为正当的消遣、唯一的娱乐，短榻横陈，快乐逍遥。但是如此快乐，恐不久的将来即坠入魔道，永沦地狱，其苦楚正自无穷。惟沉溺者烟迷正浓，那肯立即回头，彻底觉悟？岂不可叹！

第二是赌，麻雀、挖花、扑克三者，已成为公开的娱乐品；牌九、摇滩、轮盘、花会以及一切的一切，为秘密之赌博。试观全沪三百余万人口中，除小孩童稚外，至少限度约有半数嗜赌，赌之浸淫于社会，广矣深矣！大赌窟中呼卢喝雉，一掷数万金、数千元姑不具论外，商家居户亦视麻雀、挖花为唯一之消遣。吾人行经街头巷中，常耳闻劈拍叫器之声浪，可以证实余言之非虚。此类消遣偶一为之，虽无大害，但恐一经沉溺，即有废时耗财之虞。

但如此普遍的恶习俗，欲图挽救，更非日夕之力可能奏效。至大赌窟之倾人钱财、耗人家业、败人节操者，其害更不可胜言了。

第三是娼。说到海上娼妓，更属遍地皆是。又有公娼、私娼之别，公娼者，包括长三、幺二、雉妓、咸肉庄、烟妓等一切，都纳有捐税，公开卖性，肆无忌惮；私娼包括明星、淌白、碰和台、半开门等一切，即不纳捐税之谓。至全沪公、私娼之总数，未尝加以精密调查，无法为之统计，然约略计算，当在十万人以上。以如是众多之娼妓，日惟营营扰扰，施行其勾魂摄魄、狐媚惑人之手段，而贻害于血气未定的青年（或非青年），遂不可收拾了。试看沪人患有梅毒隐病的，前据某医生报告，百人中竟达三十人左右，其数目殊堪惊人。

除女性之公、私娼妓外，还有男妓混迹社会，以营其丑业（如钟雪琴、罗美人之类）。一般欲尝异味之同性嫖客乃趋之若鹜。据说男娼亦出堂差，亦可碰和、吃酒、住夜。不过当局禁令森严，故皆秘密经营，不敢公然开张。

神秘的朝会

开店铺的老板娘和人家雇用的女仆，有了心爱的恋人，因晚上不便幽会，往往在早晨七八点钟的时候，推说购买菜蔬，私往旅馆，和其爱人相会以偿其肉欲，也数见不鲜。某日清晨，作者到满庭坊某旅社访友，走上楼来，瞧见多数房间双扉紧闭，门外摆了一只空篮、一管小秤。作者睹状大异，岂老板娘买小菜买到客栈里来吗？客栈岂改作小菜场吗？询问茶役，役微笑不语。

后来碰见了一位熟识侍者说道,他俩是"朝会",又名"赶早市"。作者才恍然大悟,不过他们的所谓"朝会"和军队中的例行朝会,其旨趣当然是截然不相同呢。

茶房媒

人们行经爱多亚路一带小客栈门前,常有一班茶房趋前低声说道:"喂!先生,阿要进来开个房间白相相,刚有一位初次出来括括叫的好姑娘,好玩得很。倘使看不中意,分文不要。请进来罢!喂!"在你背后亦步亦趋,刺刺不休,必要跟随许多路。如果你始终抱定不睬主义,他才垂头丧气而去。这是一种什么顽意呢?就是他们拉皮条的副业。因为他在旅馆里执役薪水很少,全靠这种手段寻些外快,看见路过的人,无异财神爷爷光临,那有不竭全力来做媒呢?呵呵!

还有各旅馆中的茶房,大都兼任临时月老的责任。客人到旅馆里去开房间,瞧你不带眷属,是个单身汉,他们就会撺掇你叫一个姑娘来顽顽。等到撮合成功,他们即在夜度资上得着一些扣头利益(扣头或三七,或二八,都无一定的),这也是一种茶房媒。

淌排、咸肉

"淌排"与"咸肉"同为卖性妇女,有什么分别呢?因为"咸肉"是上庄(咸肉庄)去交易,"淌排"是随地撩人去苟合,名称虽异,实际则同。庄上花中,虽打扮得花枝招展,骚媚入骨,不免总带些"咸肉臭"(臭作毒字解)。

"淌排"者,如大河中的木排,淌来淌去,急色儿可随意去撩拨,很易落水(即两性接触之意)。至苟合地点,都借旅馆为泄欲之场,也有到他家里去狎玩,不过事实上是很少的。庄上的"咸肉"大都执有花捐照会,马路上和游戏场的"淌货"乃系私自鬻淫,此又两不相同的地方。

女招待

从前福州路神仙世界开幕时候,他们因为要吸引游客起见,特地雇用女招待(即女茶房)招呼游客。以后各游戏场,如乐园、天韵楼、小世界、新世界、新新花园等,瞧见"神仙"生意兴隆,也都辞退男堂倌,一律改雇女招待了。

不过女招待风行以后,而吃醋捻酸、轧姘打架的风流艳闻就此不断地发生着。各报社会新闻栏里,就加添了这一类的许多新闻。

女职员

十几年前,商店中雇用女职员,只有福州路一家女子植权公司完全是女性充店员,现在这家公司已经关闭多年。后来性博士张竞生所开之美的书店也雇用一班年轻貌美、丰姿绰约的女性为伙友。到了目下,商号中雇用女职员的潮流已风起浪涌,如先施、永安、新新三大公司现都雇用女职员,以代男性,也有和男店员同柜的。其他如各银行、各公司的书记和打字，尤以女性为多。华人创办之南市公共汽车，售票人概用女子充任，至南京路之女子商业银行，顾名思义，当然以女子充行员了。

如此按摩

按摩院也是现在一种最流行的新事业。她们的广告说什么药水摩擦、电气摩擦，又什么健魄爽神、祛风除湿，实则一究其内幕，完全是变相的娼寮罢了。按摩院的地点，以老靶子路、霞飞路两处最多，北四川路和爱多亚路也有。又分土耳其派、俄国派、巴黎派、中国派等几种，中西混合的也有。她们按摩虽分两种，一为清，一为浊，清的只有摩擦，浊的即可销魂。但是她们对待主顾，都从"浊"字上面用功夫。

每次按摩费正项不过二、三元，然却有种种开销（如药水费、电气费、草纸费，以及一切小账），必溢出十元以外，还不能厌其所欲。结果必至既耗钱，又伤神，倒是在意料之中呢。

唉！她们所说的"健魄爽神"、"祛风除湿"，可以改作"落魄失神"、"追风获湿"，却还名副其实。

也有几家专门在按摩上用功夫，禁止其他胡干的，未始没有，不过是少数而已。

女学生的丑业

海上的咸肉庄现在已其多如鲫。"庄上花"（说来好听些的叫"庄上花"，不好听的就是"臭咸肉"）的来历，有姨太太，有尼姑、女伶，有野鸡、淌白，有甚么明星、皇后，除此之外，还有真正道地、矜贵非凡的女学生。女学生是未来的英雌，和主人婆自命，今也降格而入庄求沽，岂非笑谈吗？实则一经说穿，也很平常。原来在大学校里求学的女学生，她家庭的供给，每月多则数百块，少则数十元，在理足供她的生活，可是为了奢侈和浪费起见，实在不够需用，不得不寻些外快生意做做，于是就牺牲了皮肉去博取金钱，这就是她们读书之外的一种丑业。唉！文明越进步，都市越繁华，女子的人格与贞操问题，早已堕落到万丈深渊不可救药了。

此是一种传来的风说，是否如此也不能证实。不过海上淫风夙炽，社会黑暗，以意度之，或有少数堕落之女学生浪干胡为，也不能完全说无。但愿有则改之，无则加勉，那真是学界的万幸了。

还有一种卖淫妇，她们故意仿效女学生的服装，冒名卖淫的也很多。

跳舞、歌舞

跳舞风尚盛于西欧，据说是男女交际上所必需，又为两性间结合的媒介，法国巴黎此风特盛。后来传至沪上，一般专学时髦的男女青年都趋之若鹜。五、六年前的各游戏场、各大旅馆，都另辟跳舞场，供给摩登青年的需要，更雇了中、西舞女以应市，欧式音乐以娱耳。跳舞的名目很多，有却尔斯登舞、华尔士舞、勃罗丝舞、探戈舞、狐步舞等。彼时此风最盛，每天晚上，各舞场中莫不舞侣济济，宣告客满。

更有投机家应时而兴，纷纷开设了什么跳舞学校、跳舞养成所、跳舞师范等，专教要学时髦、不懂舞术的青年们。到了目下，此跳而且舞之风已不及从前的发达了。

上面所述的跳舞是哑口的、不会唱的。后来又有一位人称艺术大家黎锦晖先生发明了"歌舞"的调调儿，边舞边唱。又编撰几只《毛毛雨》、《妹妹吾爱你》、《哥哥吾爱他》等使人麻醉的歌曲，一时靡靡之音相习成风，而好学时髦、好出风头的几所女学校，特地聘好了歌舞教师，教导女学生专心练习，逢到开什么纪念会、什么筹款会，必大表演而特表演。那时的风气，几有"无女不歌，无生不舞"之概。

同时黎先生深庆吾道大行，不胜愉快，又在爱多亚路创办一所歌舞学校，招收年青貌美、善于作态的女子，教以"歌舞艺术"。并且他是竭力主张女子的肉体宜完全表露于外，他又说裸舞为西欧各国风行已久之艺术，非吾黎某所独创。于是女子登场歌舞，只穿了一双皮鞋，其他上身下体、两手两脚、小腿大膀，一概显露。等到民十七，才由市党部议决令饬禁止，黎先生才垂头丧气，偃旗息鼓，挟了爱女爱徒远走南洋，以出卖其"歌舞的艺术"了。

近来流行的梅花歌舞团、桃花歌舞团、联美歌舞团以及一切歌舞团体，到处献艺，提倡肉感，大得一部份观众的欢迎。惟是饮水思源，不得不首推黎先生的提倡首功呢！

神秘的北四川路

南自四川路桥，北至靶子场，一条很长很阔的北四川路，近年来市面兴旺，日增月盛，已有"第二南京路"（即公共租界大马路）之誉。又因此路除各种正当商业外，关于堕落一门的娼寮、赌窟、按摩院和一切不可思议的勾当，也都汇集在此，故又有"神秘的北四川路"之称。

邮政总局、各银行、各书局、各信托公司、各大药房、各百货商店，都属正当商业。还有膳宿方面的大旅社、菜酒馆、西餐馆、宵夜店、点心店，也很多很多。这几种商店间有通宵营业，夜不闭户，其热闹状况可见一斑。再有娱乐方面，有电影、粤剧、平剧、跳舞，统计起来也有多家。

堕落一门的妓馆，分粤妓、日妓、俄妓、秘密卖淫和专接外国嫖客的咸水妹。赌窟有花会总机关（现闻已迁）、铜宝台、轮盘牌九，而新发明的按摩院也有数家。形形色色，可说已集其大成，足够荡子、淫娃徘徊其间，快活逍遥了。

最近闻有某菜馆中发明一种"行乐和菜"，专为浪子销魂而设。地点即在某菜馆中，外观如日本料理，湘帘低垂，音乐悠扬，加之菜香酒洌，闻之触鼻。虽只一间小小雅室，不料其中竟如桃花源之别有天地。座分普通、特别二种，光顾宾客人数不拘，惟特别室起码四人，可吃正式的酒菜，还可雀叙，作通宵的流连。醉饱以后，即有骚媚入骨的艳装少妇来作荐枕之举，代价虽贵，仍旧宾客如云，户限为穿。如此神秘，真神秘极了，诚不愧是一条"神秘的北四川路"！

虹口赌场

从前海上赌窟的范围最广和输赢最大的,要算虹口赌场为第一,地点在华、租交界之香烟桥相近。凡具盘龙癖和外埠慕名而来的都趋之若鹜,每天的输赢总有好几万块。场里赌具,只有摇摊一种(即用四颗骨骰摇出进门、出门、青龙、白虎)。民国以后,此项赌场渐归冷淡,现在久已销声匿迹了。

当时一班赌客,盛称虹口赌场很为公正,毫无弊病,并且赢了大数目,他们用马车、汽车将款派人送到,丝毫不少。但究竟怎样,可惜作者到沪已迟,没有实地去调查,也不能证明其实况。

撒尿菩萨

菩萨老爷是非常尊严的神道,怎么菩萨头上加上了"撒尿"两字呢,岂不大失敬而亵渎菩萨么? 不过事实是怎样的?

小东门外洋行街口,有一座墙壁上的庙宇(即嵌墙庙),中间供了一尊菩萨。那庙宇的芳邻,确是一只尿坑,每天小便的人,进进出出,不知其数。这位菩萨的香烟却很旺盛,一天到夜红烛齐燃,香烟缭绕,善男信女恭往拈香叩头,很多很多。不过邻近的小便生意太好,因之臭气和香气氤氲夹杂,经过其地,尝闻得一种又臭又香的异味罢了。

据说这位菩萨生前是一位嫖客,缠头一掷万金不惜,到了后来金尽衣敝,无颜回家,就在这里悬梁而死。死后,得过他金钱的诸娼妓追念菩萨鞠躬尽瘁,死而后已,不无悲悼,共同替他在墙角落里嵌造一只壁庙，以作纪念。现在一般时髦红倌人，每逢朔望，齐来烧香，她们说烧过了香，淫业必好。更有下等娼妓，倘使一天接不到嫖客，明天就来焚香默祷，说也奇怪，祷祝回去，嫖客就来上门。以故这位撒尿菩萨的香烟，迄今仍然生意兴隆，没有衰兆。

同性恋爱

男女相悦，名曰恋爱，恋爱到发生皮肉关系，已至恋爱终点。还有男和男、女和女之间也有发生恋爱者，两男相处名谓"鸡奸"，两女相处名谓"磨镜子"。这种事件，每年在报上社会新闻里可以常常瞧见的。不过男女相悦事很平常，男和男、女和女之间也有同性恋爱的发生，一言以断之，就是性欲上的变态罢了。

有人说："沪市淫风炽盛，以致发生性的变态，若在内地，终可少见。"吾说，"龙阳君"、"断袖癖"古来已有，也不能独责上海一隅，不过比较上这类事件多些而已。

还有清季到民初时候，北方"玩相公"、"狎小旦"的风气盛极一时。玩者说道是独辟蹊径，迎者也自承谓一种丑业。去年沪上有男妓钟雪琴、罗美人辈，就是北方的相公一流。但是这个不能称谓同性恋爱，只好称一声嫖兴所至，随便玩玩。租界当局因男妓有碍风化，早已严令禁止，故他们也不敢公然营业，大都如私娼般的暗中勾引兜搭。

上面说过，女和女相处名谓"磨镜子"。这个玩意，据说都发生在倡门之间，况一经接触，双方醋意很浓，就不许旁人染指，并不许谈恋说爱。她的面色必青白，她的眼睛必深陷，善观气色者一瞧就可以知道她们的所作所为。总之，也是一种性的变态。

花会狂

花会之害虽尽人皆知，但是知虽知了，陷溺者仍然触目皆是。此什么缘故？因为侥幸之心和贪得之念已成为普通的弊病，此所以到了现在，依然如狂潮般的泛滥而不可收拾了。

其他赌博只害及上、中两层社会，花会之害，毒入下层民众。因一物不知之佣仆和只有几只铜板的贫民，都踊跃加入做输赢。且明知有三十六门之多，难以打中，于是想入非非，求神拜鬼、祈梦祷佛，甚有露宿郊野、伴棺酣睡，以冀鬼神之指示，达发财的迷梦。更且愈输愈迷，愈迷而愈不醒悟，末了，家产破尽，债台高筑，无面见人，只有死路一条。

花会之唯一吸引力，一因中的后，一可得二十八倍之利益（如一块钱下注，打中了可得二十八块）；二因数目不论多少均可下注，且下注时不须出头露面，有"航船"（即花会掮客）按时到门来取。有此几种方便，故酿成此不可收拾之花会狂。

据说花会创自甬绍，今已毒流全国。小书摊上秘密出售之《致富全书》，即是学习打花会的门槛。可是这个高门槛实在不容易跨进，书中所载，尽是什么精、什么神、什么怪的一类妄言呓语，附有详梦指示，故有花会迷者，夜来得了一梦，必细细的照书研究，以博一胜。他们专在睡梦中求发财，财神爷爷有灵，也要退避三舍呢！

花会有"大筒"（即"大厂"）、"听筒"、"航船"之分，"大筒"是决胜的总机关；"听筒"是自己不开筒，依赖"大筒"的消息做输赢；"航船"赛过各业中的跑腿，专供奔走收发之职。

花会的花名，如有利、井利、志高、三槐、吉品、元吉、坤山、日山、万金、占魁、火官、九官、正顺、必得、只得、明珠、艮玉、茂林、天良、安士、扳桂、伏双、江祠、月宝、合同、太平、元贵、合海、青元、青云、汉云、光明、天申、荣生、逢春、上招等三十六门。每门中各有别名，如某属虎、某属牛、某属羊、某属丐、某属僧、某属尼，真是五花八门，荒诞至极。不过此区区七十二字，倘加以精密调查，每月不知要破坏几许人家，结果几许性命，输去几许金钱，妨害几许风化。唉，真是可叹！

华、租界当局对于禁止花会很为严厉，吾们在报纸上面常常可以瞧见的，如某花会被捉，某听筒被拘，某航船被捕。不但如此，公共租界每逢探捕检查（即"抄把子"）行人时候，倘使在身上抄出一张花会纸，就要拘解法院，依法惩办。禁令如此其严厉，可是这个大害仍旧未见得消灭和减轻。

据说三年前，有一位花会首领某甲，特地备了大香大烛，带了许多钞票，虔虔诚诚到普陀山去进香，并愿在菩萨面前有所捐助，不料老和尚对于某甲的巨款拒绝不收。后来逛到一处佛殿，瞥见偏殿旁高悬一大镜，上有"孽镜"两大字，镜面用黄绸密密遮蔽。某甲欲揭绸观看，僧不许，甲再三恳求，僧情不可却，才揭去黄绸细瞧之。镜上忽现出某甲全身，下面一群鬼魅，伸手齐向某甲索命；甲愁眉苦脸，惶骇万状，欲退不得，欲避无能。甲睹状惊悸仆地，经山僧竭力灌救才愈。某甲踉跄回家，就得病而死。此虽迹近神话，不足为训，然一念因果昭彰，天目如炬，也许有之。故作者仍附志于此，以示警惕。

游戏场之始祖

上海租界地方，从前向无游戏场。民国初元，黄楚九氏在南京路、浙江路、湖北路之间，建一高耸巍峨之屋顶游戏场，名曰"楼外楼"。下层开设戏馆（即前醒舞台、新舞台、竞舞台、天蟾舞台原址），正门适对南京路大道，极冠冕轩敞之致，用升降梯上下，进门设有凹凸镜数面。当时一般少见多怪的沪人，骤睹此高耸的屋顶花园和升降梯及凹凸镜，莫不诧为稀罕，故游客趋之若鹜，营业很好。后来新世界、天外天、绣云天（即今之神仙世界）、大世界、劝业场（即今之小世界）、云外楼继续兴起，而老牌始祖之楼外楼反一蹶不振，关门停业（今汉口路之天外天、民国路之云外楼也早已闭歇了，新世界南部已改为旅馆，仅存北部，也时开时停）。

小客栈写真记

租界上的小客栈，以爱多亚路、民国路、满庭坊三处最多，不过比较起来，满庭坊的小客栈历史最久，数量也最多。它的内部组织却很简单，大都雇一茶役、一老妈子、一账房而已。它的房铺种数倒有多种，如高铺咧，帐铺咧，搁铺咧，单房间咧，双房间咧,统房间咧。它的名称仍旧和几十年前彷佛,概称"某某栈",而且招牌上"某某"两字较小,一个"栈"字写得很大。但是现在新开的也有改称"某某旅馆"了。

至小客栈的主顾,除掉起码雌雄党(即一男一女同往泄欲者)和茶役拉皮条的临时野鸳鸯外,以白相人及做小贩的或穷无所归的做它的唯一老主顾。其他富商、大贾、哥儿、姐儿,向来是绝迹不往这种小客栈去投宿。

还有一种最奇的怪现状,就是同栈的客人们,一见了面,不呼姓名,均呼籍贯。倘使你是年青的杭州人,大家均尊一声"小杭州";你是广东人,大家又尊一声"小广东"。这"小杭州"、"小广东",就算是客人的姓名了。倘使年老一些,他们就改叫你"老杭州"和"老广东"呢!其他如绍兴人、湖北人、宁波人、松江人、南京人,他们叫唤起来,一概以籍贯代替姓名,这不是奇特的怪现状么?

客栈名称之变易

从前海上的大小逆旅,都一律称为"客栈"(专便利过路客人住宿之意),大者如洋泾浜上的"全安泰"、"安全发",公馆马路的"名利"等都是。且这种大栈房设备很简单,客人去借住,概须自备被褥。现在则大大不同了,新开办的都已改称"某某旅馆"或"某某旅社",也有称作"饭店"的。设备方面,不但华丽精致,而且应有尽有。不过资格最老的"全安泰"、"安名利"数家,仍旧保存着三十年前的"栈"字当招牌呢!

打弹子

吃上了（上瘾）鸦片烟，已为堕落废民；今除吃烟外，还加上一项"打弹子"（即吃红珠子、吃红丸的别名）。譬如每天吃二块钱烟的人，只要打二毛钱"弹子"就可过瘾。且"打弹子"的家伙又很简单，只消一支起码毛竹枪、一盏夜壶灯、一根铁扦，即可打了。"弹子"则现成去买的，买来就可吃，没有鸦片烟熬煎之烦，手续很便，耗费又省，故此一般废民，都乐而打之了。但是"打弹子"这个顽意起初很省俭，到了后来天天要继长增高，从前打二毛钱的弹子，现在非打三四块钱不能过瘾了，倘使少打一些就觉着遍体不舒服。于是越打越多，越吃越大，到了那时，从新要想改吸鸦片也有所不能。至"打弹子"的意思，因吸食的人横躺了身体，用一根铁扦戳上一颗红珠子，对准烟灯稍为拨一拨，就能"吱吱"呼吸，名曰"打弹子"，殆取义于此。

发售红珠子的人，美其名曰"枪上戒烟丸"。据说这张制合红珠子的毒方由矮国传来，珠子的原料共有十几样，如海绿英、高根、面粉、糖浆等物。海绿英和高根为著名毒品，故吃了几年红珠子，能使毒入脏腑，敲骨吸髓而毙命，一旦发作，只有呻吟而死，没法可救，其害比较鸦片烟还不止十倍。

现在内地各处的烟民，因为吃红珠子比吸烟来得便当，都改吸了红珠子，至日后的大害，他们不遑计及。饮鸩止渴，无以过之。红珠子的制造地是以上海为大本营，而内地的大码头也有制造者。此害不除，吾炎黄子孙不待异族来灭亡，自己就会慢慢地亡国灭种而有余。

戳药水

鸦片烟的代用品，除了红丸以外，还有戳药水和吃白面两种。今先述戳药水的内幕。

其法以少许白粉（即吗啡）用水浸之，灌入一支有机栝的尖针，对准烟民皮肤穴孔，将粉汁轻轻射入。霎那间，能使垂头丧气、呵欠连连者，骨骼顿时松快，精神顿时充足，另外变了一副面目。且手续简单而便当，药性又灵又快，不论怎样脱瘾难过，只要戳下一针，就可恢复常态。起初戳时，和吃红丸一样，譬如每天吸两块钱的鸦片烟，只须耗费二、三毛的药水费已尽够而有余。不料日积月累，逐步加增起来，一、二年后之打针代价，必要超过以前吸烟的所费，届时已欲罢不能、欲绝不可了。

去年冬天，作者到菜市街自来火街左近去看一个朋友，因为夜色迷蒙，误入一家代人戳药水的地方。屋内一灯如豆，半明半灭，两旁长凳上坐了二十多人，有衣衫褴褛者，有衣冠楚楚者，各各袒胸露臂，垂头丧气的以待打针，况且各人的皮肤上都红肿腐烂，臭气四溢，不可向迩。又见一口衔纸烟、手持针器之人，往来蹀躞，做他的打针工作。俄而有一摩登少妇，衣服华丽，身披狐裘斗篷，姗姗而至，也坐在长凳上待打。某烟民道："像你太太，尽可在府上吸烟享福，何必要来打针呢？"少妇喟嘘道："戳上了药水，虽吸食大土清膏也不能过瘾，故不远而来打它一针，以求畅快。"

戳药水戳了几年，将来必至四肢腐烂，毒发而死，其害之酷烈,比较洪水猛兽还要超过百倍。

吃白面

什么叫白面？就是毒物吗啡,因它颜色雪白,细如粉末,和普通当食品的面粉差不多,个中人呼以"白面",作为暗号。吃这毒物最盛的地方,第一要算山西,次者若北平,若天津。山西全省,每年只吗啡一项,要消耗到六千万元的金钱,如此大漏卮,实在骇人听闻。这个东西都从矮国运来,在华北以天津日租界为贩卖大本营,再陆续运到晋、绥、察各省去。山西地方,不但黑籍中人嗜食若命,即正当商人、学校学生,向无烟瘾者,每逢客到,也用此物奉客以表其尊敬。吸食白面,比较吃红丸更为简便,只用卷烟一支,捣之结实,将吗啡少许放入卷烟头内,以火燃之,即可呼吸。初吸时脑胀欲裂,吸惯后才觉精神一振,常吸不断即能成瘾,久久且能毒入骨髓,腐烂而死。

在南方的贩卖机关,以上海为大本营,矮人施其偷天换日的本领,拚命运来以害华人。至毒物的去路,大部份用以制红丸、戳药水两项最广,而旅沪之北方瘾君子,也有食此以代鸦片烟者。

唉！鸦片烟之毒还无法消灭,今又加入吗啡之毒,真是一毒未除,一毒又来。推原其祸,虽系不争气的华人自取其咎,也是受矮人所赐。他们要灭亡吾民族,才千方百计地一大批一大批的运到吾国来,名称上说是做生意,其实他的存心,要假此毒物以杀尽吾华人方肯罢休。

出卖笼头水

在那街头巷尾间，有人手里拎了一只蒲包，叫喊着"买笼头渣"、"笼头渣有吗"的声浪，是常常可以听见的。究竟这个"笼头渣"是什么东西？原来是吃鸦片人煎烧好了烟膏，余剩下来的渣屑，名叫"笼头渣"。他们收去后，再卖到笼头水店铺里，经过一回很简单的泡制，就变成"笼头水"了。出卖笼头水的店铺多开设在磨坊街上，水的定价是四只铜圆一中碗，六只铜圆一大碗。一天到晚到那边去买笼头水吃的人，着实不少。笼头水店里的常年主顾，最多数要算拉黄包车的仁兄，其次是穷小贩。拉车子人很多挂名黑籍，他们的生活全靠两脚奔波。他们赚钱又不多，要想吃烟吃不起，不吃就两脚没力，不能拉车，不得而已求其次，只好吃些笼头水以代替。常有烟瘾大的车夫，奔跑得上气不接下气，臭汗直淌，面色翻白，到了笼头水店里吃了几碗，就会臭汗立止，恢复原状，而且精神百倍，两脚有力了。

有一天，作者走过磨坊街笼头水店门口，瞧见一个烟容满面、神气颓丧的车夫，一口气"咽嘟咽嘟"连吃了四大碗的笼头水，好像越吃越有味，他的精神登时恢复起来。不过这种吃法，赛如牛饮，倒是难得瞧见呢！

南市新舞台

三十年前的上海戏馆，概称"茶园"（如丹桂茶园、春仙茶园、群仙茶园等）。戏台是方式的，正厅上也用方桌和靠背小椅排列。到了民国初年,此等旧式戏馆才逐渐淘汰尽净,到如今脑海中只留一印象了。

清朝宣统初年,老伶工夏月珊、夏月润、潘月樵、冯子和与沪南绅士等,在十六铺南里马路发起开明公司,建筑可以旋转的新式舞台,取名"新舞台"。台系椭圆式,一切装置纯从欧化。起初数年营业很佳,等到癸丑(民国二年)"二次革命"一役,因为军事的关系,营业一落千丈。继而停锣歇鼓,另在九亩地地方重建一台,仍名"新舞台",开演不满一年,复毁于火,损失很大。但夏氏昆仲并不灰心,再接再厉,作第三次之建筑。开演十载,还称顺利,后因月珊病故,又因种种关系,由开明公司各董事议决拆除舞台,改建市房。今人行过九亩地,已无高耸宏伟之新舞台了。海上戏馆由旧式茶园改筑新式舞台,要算南市新舞台为最早,有新式舞台,然后有像真背景和魔术机关。今各舞台盛行的机关背景,也算新舞台为最先发明。

蟾宫折桂

从前梨园行中,有"三卿"者最有势力:一为大舞台之童子卿,二为丹桂第一台之尤鸿卿,三为天蟾舞台之许少卿。今都改行的改行,病故的病故了。

当初许、尤两君,本合组丹桂第一台,后来因彼此发生意见,不能共事,许少卿乃脱离关系,在二马路醒舞台旧址,组织天蟾舞台。初开幕时候,一般人都莫知其题名之妙,实则隐示"蟾宫折桂"、"打倒丹桂"之意思。"蟾宫折桂"四字,本科举时代秀才中举人的典故，今因同业竞争之故，也袭此遗意，取了戏园的名称，可谓讽刺深刻，极诅咒之能事。

真刀真枪的创始人

十五年以前，伶人周咏棠（即"四盏灯"）在二马路醒舞台旧址开设一家迎仙舞台，聘了一位文武须生何月山。登台不多几天，就大红特红起来，从二百块钱一月的包银，涨到一千以外，何月山也因此享了四五年的大名。

他享名的原因有二：第一，他肯拚命卖力；第二，因发明了真刀真枪，在台上大打其花样。如《塔子沟》、三本《铁公鸡》一路的跌打戏，都用真家伙上台，雪亮的刀枪戈矛，武行之敏捷对摔，能使一部份观客目眩叫奇，赞叹不置。

其实做戏原是假的，故以扬鞭作马，叠桌为城。如果用真家伙上台，却是假戏真做了，和"戏"的意义已离题千丈。故当时一般评剧家纷纷訾议，都说道是不应当的。

共舞台之男女合演

海上男女伶人的界限，从前各有分别，演起戏来也不相混合。十几年前，周咏棠（即"四盏灯"）和妻"媚香楼"接租共舞台后，仿平津办法，首先创办男女合演，伶界风气为之一变，此只法租界一隅而已。又过了几年，英租界及华界各戏园、各游戏场，也都接踵而起，一律实行男女合演。又英租界戏园之男女合演，要推顾竹轩开设之天蟾舞台为倡始哩。

女伶封王

七、八年前的女伶，唱戏唱来红了，就有捧角朋友和你出张特刊和"封亲王"的把戏，如小香红封她"香艳亲王"，琴雪芳封她"琴艳亲王"，粉菊花封她"粉艳亲王"，张文艳封她"文艳亲王"等等。到了"封王"那天，必会齐了一班捧角同志，替她送镜架、银盾、联幛之类，并群赴戏园捧场，以昭诚敬。直至革命军到沪以后，这种无意识的把戏（捧角同志也许认为很有意识呢）才告绝迹。不过他们捧女伶捧到三十三天以上，究竟是尊重她的艺术呢，还是醉翁之意另有目的呢？老于世故者定能明了他们的用意吧。

开房间

现在新兴起的大旅社与大饭店，他们唯一的主顾，并不是专靠外埠来的旅客，反依赖本埠的一班写意朋友为他们主要的主顾。因写意朋友为娱乐消遣起见，常常呼朋引类，往大旅社去开房间，赌赌输赢，叫叫堂唱，吸吸鸦片，喝喝美酒，无忧无虑，何等写意！更有偕同心爱人以旅社权作楚阳台者，也很多很多。房金虽贵，耗费虽巨，他们决不吝惜，只要求身体上的舒服和快活罢了。

大旅社的设备冠冕堂皇，清洁美丽。物质上的布置又很周到,每间有电话可以秘密与人接谈,夏天有电扇,冬天有水汀,洗浴洗脸又有冷热龙头,上下更有电梯,大便有欧式坐桶,小便有新式尿池,其他如赌的、嫖的、吸的、喝的、食的、舞的、顽的,也靡不一应俱全,听凭写意朋友随意选择。

开房间有打公司合开的,有独开的,有长期的,有短期的。打公司开的,无非一时兴起,玩玩而已;独开的,都注重发泄性欲一路;长期的,有阔客以旅社作外舍,优哉游哉,随意逍遥,有商人以旅社充市场,为接洽谈话机关;短期的当中,却有外埠过路旅客夹杂其间呢!

大旅社、大饭店

从前海上的新式大旅社,只有"三东一品"(即大东、东亚、远东、一品香四家)。不意从民十七到现在,开设大旅馆者竟接踵而起,连绵不绝。东面建造·所大房子是开旅社的,西面兴筑·所大高楼也是开旅社的,其他南面是如此,北面也是如此。一般资本家的眼光,大家集注在"大旅社"三字上,自忖欲发大财,非此不可。但是说也奇怪,每开一家大旅社,只消先行交易,还未择吉开张,而男女来宾已蜂拥而至,数百个大小房间都预订一空,生意之发达实出意料之外。莫怪旅社各老板镇日价眉开眼笑,皆大欢喜。

现在新开的大旅社,都不名"旅社"而称"饭店",像爵禄、东方、中央、大中华、大上海、大江南、南京、大沪等,还有已经拆去旧屋正在兴工建筑中的也有几家。大约在最近一、二年间而层楼高耸、设备欧化之大饭店,必有多家开张呢!

还有完全西商开办的华懋、沧洲、别克登、礼查等大饭店,也有好几家。

兜喜神方

到了废历元旦那天,一班富家翁、阔青年,都挟了娇妻美妾或娼寮艳妓,同坐汽车,在清晨之间向四郊驰骋一周,名叫"兜喜神方"。他们以为这么一来,晦气星退走,富贵星进门了。这种含有神秘而迷信的妄行,处此科学昌明时代,实在是不应该的。也有明知其谬妄,因欲求取妻妾娼妓的欢心起见,也不得不奉命一"兜",真是可笑!

兜圈子

有一种是初到上海的乡下人,往往走错了路径,不能回到寓处。譬如在四马路、云南路转角上大叫黄包车,说道要到四马路跑马厅去。狡狯的车夫瞧了他这一副曲形曲状,知道他是初次来沪的乡老儿,有意戏弄他,讨价二毛车钱。乡下人心里已急极了,一声不响就跨上车子,催他快走。车夫特特地地兜了一个大圈子,然后拉到跑马厅去。其实四马路、云南路转角到四马路跑马厅只有十多间店面,瞧也瞧得见,何必要雇车子呢?因为乡下人不识路径,就吃了苦头,上了车夫的大当。

兜　风

有产阶级的阔人到了夏天,登在家里不耐烦,到了晚上,每每携同娇妻美妾或娼寮中的时髦妓女,坐了汽车,风驰电掣般驶往四郊去白相一回,名叫"兜风"。

其实既为阔人,家中必有高大华丽的房子、亭台楼阁的花园,又有各样消暑用品和食品,躲在家里尽可却暑纳凉,为什么还要心不知足地出来兜风? 其实他们的兜风并不是真要纳凉,不过出出锋头,取悦异性罢了。

浴室堂倌

海上各浴室的仆役(俗呼"堂倌"),概以镇江、扬州、丹阳三处人充任,至浙江余姚人充任者,只有麦家圈双凤园、九江路又日新、福建路尚洁庐三家。

擦背、扦脚、剪发三项,为浴室中常备的工役。顾此三项工役的籍贯而论,计分三处,一扬州帮,二丹阳帮,三句容帮。以人数多寡言,扬帮最多,丹阳帮次之,句容帮最少。

女浴室

上海滩上的风气,色色都能争先,惟是女浴室的开设,远不如平津之盛,到如今只有浙江路一家龙泉家庭女子浴室。该浴室开设迄今,不过六、七年光景。龙泉下面是龙园盆汤,女浴室的主人就是龙园的老板。楼上是女子洗澡，楼下是男子洗浴，彼此虽仅一楼之隔，而界限森严，绝不相混。

龙泉的布置、设备都和男浴室相同，账房、堂倌以及扦脚、擦背都是女性担任。至于浴客，以"窑姑娘"与"淌小姐"为多。现在的大旅社均设置西式浴盆，故公馆太太、摩登女郎开房间洗澡的很多，以故女浴室的生意不能算十分发达，倘使再创一家，恐不能支持下去。否则，上海的商人惯会投机，那肯不继起而开设呢？

擦　背

浴室中从前雇好一班工役，代客擦洗背部，名叫"擦背"。因为背在后面，浴客自己擦洗很不方便，才立此名目，替人擦洗。但是现在"擦背"都擦全身了，一因工役殷勤奉承，希望多得些代价；二因浴客多贪懒，乐得听其所为，只要写意，那惜小费？不过这名称目下仍旧名"擦背"，不名"擦身"，已是相沿成风，不可骤改了。

清水盆汤

各老虎灶茶馆，每年到了夏季，必兼营"清水盆汤"的生意，十家倒有九家是如此。他们的设备很简单，只安置了二、三只木质浴盆，并支布作幔以遮隔之，门口挂了一盏"清水盆汤"的油纸灯笼以为招牌，这几种简单的东西就可以涤污洗垢了。因它取费很廉,故下层民众和一般经济朋友都欢喜浴之。不过"清水盆汤"的生意只有夏季二、三个月,一交秋令,他们就撤除器具,停止营业。

模特儿

七、八年前,美术专门学校校长刘海粟氏,因欲研究艺术上曲线美起见,特地雇了许多妇女,天天精赤条条、一丝不挂地站在教室中,供给学生实地描写,名曰"模特儿"。刘先生说,这是东西各国久已风行过,并非刘某独创者。但是抱旧思想的,仍旧掩耳却走,目为怪物,即同道中也多非议。刘先生自思因提倡艺术之故,平空得了许多讥笑的舆论,特自号"艺术叛徒",以示与大众思想不同的表征。

更闻北平各校,有临时雇用男丐充模特儿,代价比较雇用女子尤廉。他们说:"女子有曲线美,难道男子没有吗?"这叫做南北相对,无独有偶。

曲线美

现在最摩登的新女子,衣服尺寸越窄小越美观。到了夏秋,只穿了一袭薄薄的短旗袍,袖口又短,不但露臂,竟是露肘,把她一双臂肉完全显露。又穿短裤和肉色丝袜,骤见之,两腿膀儿与双臂一样,走起路来扭扭捏捏,她的尊臀也一耸一凸的。总之这种形状如叫思想陈腐的人瞧了,莫不叱为怪物;在轧时髦人见之,愈赞美她的全部曲线美的丰富了。

龟头套

相传这件东西从前宝善街一带的天津杂货店铺都有出售,不过去买它,须将隐名叫出,才可以如愿以偿。这个东西的用场与春药相仿佛,与风流如意袋不同。不过春药是吃的,这东西套在生殖器上面作驰驱欢场、蹂躏女性的利器。昔闻著名淫伶和拆白党惯用此物以惑人,因此污人节操、离人骨肉、拆人金钱、伤人生命已不在少数,如以《金瓶梅》上西门庆用的银托子相比,似与这件东西有同等的罪恶。

泥制春戏

泥制玩具盛行于无锡,天津也很著名,并有秘制春戏出售,从前广东路一带的天津杂货店都有售卖。不过你欲去买一具玩玩,须叫得出隐名(和买龟头套相同),才可如愿以偿,否则拒绝不卖或推说没有,这和某寿具铺出卖"角先生"是同一的规例。

角先生

"角先生"为闺中秘物,除中国自制外,而日本每年输入之品也很多。从前开设春药的小药房都有出售,并美其名曰"女用愉快机",其实就是此物。惟这种东西,在法律方面看来那是违禁品，故禁令森严，不敢公然出卖。又闻某某几家寿衣店铺也有出售，前去买时须叫出隐名曰"乐举高升"，才可以买到。不过寿衣店里出卖"角先生"，也算是想入非非、生面别开了。

天妃宫

北河南路铁大桥堍有天妃宫（又叫天后宫），额曰"湄洲圣母"，据说为从前航海中人集资建筑。进门为广场，再进为戏台和两旁看楼，三进为大殿，中供神龛，后有寝宫楼。从前每逢朔望及圣母诞日，一班善男信女诚惶诚恐地前往拈香，肩摩毂击，户限为穿。又相传轮舶在海洋中，逢到巨风大浪，圣母尝显灵保护，以故航海中人更笃信不渝。常州盛宣怀氏也有一副长联挂在大殿之上，旁有跋语，演述圣母显灵事迹，历历如绘。平时之广场上及戏台下，俱为江湖医生和各小贩及卖艺人丛集地点，叫嚣喧哗，十分闹热，因此铁大桥又名"天妃宫桥"。宫内由羽士住持，既有香金，又得各贩租费，双倍进账，其数着实不少。后来款产处探悉天妃宫属于公家产业，理应收回，不能听住持老道鹊巢鸠占，享尽不劳而获之大利，初将一切江湖医生、小贩、卖艺驱逐出宫，不许逗留，只将大殿暂行保留。收回之后，改设县立第二高小学校，以戏台充教室，看楼作应接室和休息室。革命后，区党部也以看楼为办公地点。至民十七，由党部议决实行驱逐羽士、焚毁偶像后，才算完全收回。现在房屋依旧，内容全非，广场上的两根旗杆也已卸下，刻下所存者，只门口"湄洲圣母"的一块横额而已。

查该庙系清光绪九年筑成，圣母系福建莆田县林氏女，父名愿，母王氏，生于宋建隆元年三月二十三日，至雍熙四年九月九日升化。

南石路与北石路

郑家木桥起直到老闸桥为止约有一里多路，总称"石路"，又分别从南京路朝南称南石路，南京路朝北称北石路。这路的名称，在那二十年前，此路统用小石子砌筑而成，故名石路。自从行驶了无轨电车，将石子路一律改造为柏油水门汀后，已名同而实不同，不过人们早已说惯石路，只得仍旧称它石路罢了。

从前南石路两旁，到了晚上为各旧货小贩丛聚之地，百货杂陈，叫卖兜搭，嘈杂不堪，现在这种旧货摊早已没有看见了。

剪发留发

从民十六革命军到达上海后，一般妇女因潮流所趋，群以剪去发髻为时髦，不论老的、少的、媸的、妍的，大半均剪除为快，留髻的不过少数而已。那时的景况，宛如民初男子剪发相同，剃头店也加添了一笔好生意，因为剪去发髻后，须常常到剃头店去修发呢。初剪的时候，大都剪得精光，像剥光鸡蛋式。后来又慢慢地将脑后发留起来，或二、三寸，或四、五寸不等，剥光鸡蛋式一变为鸭屁股式了，此种留发已为目下最普通的。还有一种摩登化妇女，竟留长至七、八寸或尺余，中间分开，梳成两根小辫，也有散披在两肩膀上,形形式式,可谓无奇不有。不料一发之细,却也有如此的变化。

中委张溥泉(继)先生前在北平,对于妇女脑后披发最为痛恨,有"打倒披发鬼"的口号。不过口号是口号,披发是披发,这种主张可谓一点效力都没有。

梳头佣

妇人发髻,除少数自理外,大多数都叫走梳头女佣代梳,或天天来,或隔日来,均无不可。工资最普通的每月两元(有三元者,也有一元者),她们能有十多户头,即可依此为生活。而真正的阔绰大户人家则有雇定的梳头女佣,不需走梳头的了。

还有一种可恶的梳头女佣,以梳头为名义,到处穿房入户,鼠窃狗偷,也有勾引人家妇女为非作歹,亦数见不鲜。不过现在潮流,妇女大半截去发髻,梳头女佣的营业已日渐衰落,不如从前的发达。

大裤管与小裤管

关于男、女衣着上式样的变化,至今日而已极,像宽大变窄小,窄小变宽大,变来变去,不知要变到几时才休。现在且讲男子的裤脚管。在十几年前,男裤子的脚管以窄小为时髦,且另外用缎带扎牢。后来这用带扎的小裤管一变而为大裤管,而扎带一层也就废去。最近几年又由大而小,仍用带扎住,不过从前是用缎带，现在则用裤子本质做扎带，且缝在裤上，较之以前另用缎带更为便利了。

平心而论，冬天时候宜用小裤管，用带扎之，如在夏、秋两季，则用大裤管来得便当呢！

画　眉

妇女画眉毛之风，由来已久，并且从前有位张敞，曾经替他夫人画过眉，已成为千古韵事，为研究爱情者的称羡。现在且讲目下。当那十几年前，妇女眉毛愈粗愈美观，两头有棱角，虽不及舞台上唱旦的眉毛那般粗，可是也相去不远了。至最近数年间，妇女画眉毛愈细长愈摩登，且大都将天然的眉毛薙得精光，然后画成细细一条，这是目下最时髦的画眉毛。

耳　环

妇女耳环的式样，在古代时本来越长越美，而且环上缀的东西又多，走起路来玲琮有声。后来这种很长的耳环子大家认为不便当，就逐渐改短至圈式了。到了近年，女校中的学生以环子无甚意义，短短的耳圈也索性不穿戴。不过现下摩登式的妇女和娼门中的红倌人，又盛行长式的耳环子，环上又缀了许多五颜六色的东西，像多宝之串，她们以为美观，其实是复古罢了。

染　指

现在的摩登妇女，除嘴唇染得红红外，还有纤纤十指也染得绯红，以示她的时髦。但染指风气不自今日始，从前的妇女也有染者，不过彼时都将凤仙花瓣捣汁染上，不费分文。现在的染指颜色，用一种舶来品的油质，在金钱上面又多增若干的漏卮了。

硬领头

女子衣领用硬领头，在二十年前已风行过了。那时候领头越高越时髦，冬天衣领竟有长至七、八寸以上，不但颈项完全隐没，连半爿脸孔也被遮住。后来高领头变为低领头，在某一时间内更风行一种无领之衣。

到了现在，女衣领又慢慢地加高起来，虽没有像从前有七、八寸的高度，最时髦的也有三、四寸了。且夏天所着薄如蝉翼的单衣，其衣领又高又硬，烫得笔挺，着在身上颈项动也不能动弹，和清季时代犯人带枷差不多。

不但女子如此，摩登式的青年也欢喜用高而硬的领头，越高越摩登，越硬越时髦。旁人看了替它难过，而摩登青年反洋洋自得，丝毫不以为苦。

合　会

凡中、下层民众不能无缓急，有了缓急，因一时周转不灵，得不到现款,于是有合会之举,仰求亲友帮忙,以助其成。说到合会性质,据作者所知有(一)摇会,(二)八仙会,(三)标会,(四)单刀会等四种。摇会或一个月一次,或二个月、三个月一次。每次到达会期,由首会人召集各会脚,用六颗骨骰摇之,点多者得会。八仙会则不用骰子,起始由首会人派定某人何时收会,依次挨收,至各会脚收完为止。标会则到期时,由各会脚投以标注,标多者得会。单刀会的各会脚只交一次会银,以后由首会拈阄拔还。

上海滩上摇会最多,至一会数目从数十元起到数千元为止,各视首会人的身价和需要而定。每逢会期,都借茶馆为集合地点。八仙会则内地很多,沪上较少。标会含有投机性质,往往无结果,沪谚有"十标九散"之谣,即十个标会有九个半途解散,不能圆满结果(标会中分统标、挨总标等区别,挨总标较为可靠)。至单刀会只交一次会费,故曰"单刀",全以挨情求面请人帮忙,最为合会中之下乘。

抢油主

每逢新开店铺的第一天,俗有"抢油主"之风。什么叫做"抢油主"?就是这天一窝蜂去买便宜货。因为新开店铺要号召主顾起见,将各货廉价发售,故已成为相沿之风气。新开第一天的早晨,店门未开,必有许多主顾一窝蜂地走来,人声喧闹,争先恐后,男女杂沓,拥挤非常。他们的来意,异口同声地说道:"抢油主!""抢油主!"

不论什么食的、用的、穿的、戴的各种商店,到那第一天开张,必有这种热闹状况,且店铺的场面越大,"抢油主"的更为踊跃,都道这爿店铺大,资本厚,必定肯牺牲多量血本,举行只此一遭的蚀本生意。

今年春天,南市新开一爿糟坊,门口贴出一条黑字红纸,大书"本号择定某月某日开张"。更使人扬言道,恐开张那天主顾拥挤,有招待不周之处,先出卖油票:譬如市价每块钱只可买油五斤者,它特放盘二斤,可得七斤。于是一传十,十传百,大家争先恐后去买票,两三天之间,卖出油票六千多张。等到开张那天,大家持票前去取油,不料走到这爿宝店门前,依然双门紧闭,先前贴出的开张红纸条也不见了,碰碰门,又毫无声息。大家疑惑起来,群往警署,控告它诈欺之罪。后来署长派员去将店门启开,瞧见屋内只有空油篓数十只,桌凳几件,别无他物。骗子已挟款潜逃,踪影全无。这一幕"空城计"很觉得滑稽之至,而一般贪便宜人要想抢着油主,结果吃不到什么便宜油,反被骗子骗了油价去,世之好塌便宜者,应以此为戒。

米蛀虫和地鳖虫

吃米饭的朋友和买卖地产的朋友,沪人均戏呼他们"米蛀虫"和"地鳖虫"。这种诨号加在他们的身上,也有缘故。因为厕身米店或米行的老板伙计和贩售地皮的掮客,他们门槛极精,信息也很灵通,物价的消长、市面的变迁,他们都能烂熟胸中;做起买卖来,口中说得天花乱坠、面面俱到,到了后来,他必利益倍蒁，腰包充盈。

滑稽公司

按照现在商业公司的名称，只有无限公司、有限公司和两合公司数种，其他像个人经营和二、三私人集资合办的，概不得称为公司。可鄙沪上一部份的商人，毫无常识，往往有独资经营、范围极小的商店，也挂起"公司"牌子来，自谓称了公司，就可以荣耀万分，岂不可笑？近来菜市街上新开一爿小卖店，居然也高挂"粽子公司"。甚至卖五香豆的朋友，他那只盛豆的篮子，也悬着小小铜牌一方，上面刻了"天香公司"四字。这种公司，不但取得岂有此理，而且觉得滑稽之极了。

狂潮之一瞥

上海滩上每逢产生一种新事业，只消时髦些、发达些，就会有人跟着学步，如潮水一般的蜂涌起来。有人说，因为上海人富于一窝蜂地天性，也有人说，上海地近大海，天天饮足了含有潮水性的自来水，故一窝蜂地性质已成为上海人的第二天性了。

最远的，在清季发生过一回橡皮股票潮，入民国后，最大的是交易所潮，其他如话剧潮、卷烟潮、牙粉潮、画报潮、横报潮、模特儿潮等等，潮来潮去，已牺牲了许多金钱和许多生命。

最近的电影潮和武侠小说潮还在继续产生，方兴未艾。唉，上海的狂潮！

摩登化

现下上海所谓一般新时代的女子,她必穿了短旗袍(也有着短大衣的),着了高跟皮鞋和肉色丝袜,烫了水波式的头发,画了笔直细长的眉毛,面涂了浓厚的脂粉,唇涂了血色的口红,着了短裤,挟了皮包。这是一种什么装束?即她们竭力仿效的摩登化,也是现代最时髦、最从新的装束。"摩登"是外国译音,就是新式而有次序的女子。吾说她们力摹摩登化,已有七、八分相像。可惜两乳不高耸,头发不金黄,鼻子不高大,眼睛不深陷,和真正道地的外国摩登女子相形之下,还差一些,也是她们的遗憾。

鸡叫做到鬼叫

闸北之青云桥、谈家桥、天通庵桥一带地方,为丝厂、绸厂、布厂最多之地。该处地近荒郊,又为各殡舍和义冢坟集中之处。各厂规定的作工时间,每天清晨四点半天没明亮即须到厂工作,直到下午六点半才放工休息,每天工作在十三小时以上。"一二八"后因各厂业务清淡,工资都一律减发,向系六角者现发四角,四角者现发三角,而各女工依然纷至沓来,大有人多工少之慨。

在夜色苍茫间,各女工从厂中回来,手里拎着食器小篮,向人苦笑道:"鸡叫做到鬼叫。"这一类叹息的话,吾人如从她们身畔走过,可以常常听得到的(按天没明亮,正鸡声喔喔时,她们已经进厂工作了;秋、冬日短,到了六点钟已满天昏黑,野坟丛墓间磷光闪烁、虫声唧唧,故有"鸡叫做到鬼叫"之叹)。

张竞生的《性史》

民十五，国立北京大学教授张竞生氏，忽编辑了一本《性史》小册子，专演述男、女两性间的接触事。封面刊着"北京优种社"出版，书底不刊版权，连头带尾共只十篇文字，用三十二开纸印刷，不过六十张而已，定价一元，实售八角。出版不多时，竟能哄动一时，购书人不以为价昂。叠次再版，共印了五万多册，一概卖完。后来要买《性史》的人，居然有钱没处买，竟至转辗访求，或者登报征觅的也很多，其吸引力的伟大，可想而知了。这本书开首即说"天下第一乐事，莫过于雪夜闭门读禁书"两句，又他序文前段引用怪杰金圣叹批《西厢》的口气说，"这部《性史》不是淫书，若有人说他是淫书，此人后日定堕拔舌地狱"等一篇大道理。后来这本小册子畅销了，旁观的瞧得眼红起来，就此你出版一册《新诗》（谐《性史》），他发行一本《性艺》，最盛时代，这类书籍倒有十几种之多。后来当局一声令下，谕饬查禁，才风流云散，不敢公然出卖。

张先生本是一位大学教授，又是哲学博士，不去研究教育和哲学，却平空地去推阐"性"学。他的思想行为和寻常人截然不同，故社会上群呼张博士为"怪博士"。

烧头香

目下虽说是色色维新的时代，可是烧香拜佛的迷信却还不能革除，逢到什么菩萨诞日和废历朔望，一班善男信女到各庙去烧香拜佛,还是很多。南京路的保安司徒庙(俗呼"虹庙")、城内的城隍庙、铁大桥堍下的天妃宫,这三处的烧香人最多(现下天妃宫已改作党部和学校,羽士已逐出,偶像也焚毁,这一处的香烟早已绝迹)。

到了废历元旦,又有所谓"烧头香"的可笑举动。什么叫"烧头香"呢? 就是这天第一人跨进庙内去拈香膜拜。他们以为烧着了头香,菩萨老爷必鉴其虔诚,大施福泽,这一年定有发财降福的希望。后来烧头香、求福泽的人越弄越多,你也抢先,他也提早,竟有到除夕晚上九、十点钟光景,他们已经去烧香。头香烧着了,必欢天喜地的回来,可以过它一年做梦似的快活光阴。

燕子窠命名之释义

现在华、租各界,私卖灯吃、供人吸烟之处,名曰燕子窠。这三个字的意义,恐一般嗜好同志都不能解释得出罢? 从前烟禁令下、烟馆初闭、烟膏店未停的时代,有一种公司烟间乘时产生。怎样叫做"公司烟间"呢? 就是只备灯枪,不备烟膏,吸烟人自己备好了烟膏到公司烟间去吞云吐雾,和在烟馆内吸食相同。做老板的别无利益,只贪图烟客吸剩的烟灰,借以谋利。而烟客带烟进去,如燕子衔泥状;更且吸烟地方,室小人众,烟客大都对面直躺,又如燕子在窠中偃息时仿佛,故以"燕子窠"三字唤之。到了目今,不但上海一隅如是称呼,即江、浙内地各处私设烟馆、供人灯吃的地方,也都是叫作燕子窠。不过现在的燕子窠备好卧榻灯枪,煮好大土、小土,供人随意吸食,十分便当,嗜好同志更不消自己带烟进去,和初创燕子窠的时代又有些不同了。

广东人的迷信

　　江、浙两省人民的确是很崇拜迷信,已为全国所称道,但是广东人的迷信程度却也很高。你瞧,南京路之虹庙、城内之城隍庙和各处著名的庙宇,到了废历朔望及元旦,他们都携妻挈子、必恭必敬地前来拈香祝祷的,很多很多。就是"瞎子大亨"吴鉴光的装神弄鬼、撞钟击鼓的把戏,他的老主顾也要算粤帮为最多。

　　广东人对于地主老爷也很崇拜。他们家家屋里的壁角落边或台子底下,都贴着红纸一张,大书"福德地主神位"字样,天天早晚焚香祝祷,常年如是。每逢初二、十六,还要猪头三牲、红烛高烧的叩头敬神,他们的口号叫做"烧路头"。这种迷信只有粤帮是有的,其非广东人很少奉行。

拉　风

　　二十年前电气风扇还未风行时代,到了夏天,商铺中如绸缎店、剃头店、酒菜店以及戏园中的包厢等,都临时装上几面白竹布做成长方形的风扇,扇端系了长绳,由人牵动,凉风即习习而生,此种土制风扇,名叫"拉风"。考究些的,竹布上面也涂着书画。稍为体面的人家,也都装置一面或数面。等到电气风扇盛行以后,此项拉风就归于天然的消灭了(据说内地未有电气事业的所在,现在仍有装置拉风者)。

打　醮

每年至废历六、七月间，打醮（太平公醮，亦即盂兰胜会）之举竟风起云涌，普遍了全上海，迄未革除。至他们打醮的意义，说道赈济孤魂野鬼和常保平安康泰。但当此科学昌明时代，作这种可鄙举动，足见人们之太无意识了。

打醮有独打的，有合作的。独打即自己独自出资，不费他人分文。合作即一里之内、一路之间，挨家逐户，共同出资。事先有人持了捐簿逐家劝捐，付款以后，门上贴了一条黄纸，上写"太平公醮乐助几元"，作为标帜。到打醮的那天，用长草绳系满着锭帛冥衣之属沿门悬挂，这不知又是什么顽意。醮时，先在高台上诵经；经完再举行杂耍，闾里妇孺群往围观；等到杂耍完了，然后焚锡箔、化冥衣，一场醮事就算完结。不过他们很郑重地举行打醮，为的是赈济孤魂野鬼，虽属迷信，情还可原，为什么又要夹入一班杂耍，嘻嘻哈哈闹个不了？且扮演人浪语淫声，丑态百出，如此怪象是媚鬼呢，抑逗人呢？吾不可解。

各巡捕房附属之救火会，也每年举行打醮，且于三天前悬旗示众，名曰"飘红"。据说，西人方面曾经目睹过赤老（即鬼），故也乐为赞成。

不守时

沪人有一种坏脾气，逢到开会或赴宴等事，常常不守时刻。例如二点钟开会、六点钟聚餐，倘使应时而往，不但无一来宾，而具名相请的主要人和折柬相邀的主人翁也都踪影全无，迟迟未到，必要挨延许久，才姗姗其来。这种怪象已成为社会上普遍的恶习惯，故计时之钟表虽家家齐备、人人都有，不过当作一件时髦的装饰品，不作守时刻用的东西。

而且不仅开会或赴宴如是，他若亲友邀约、赴行办公，也都不能遵守订定时刻。故八年前，特由负资望的中西人士想出了一种救济办法，乃将时钟拨快一小时，每只时钟上面加一红长针作为标记。首先拨快者，为外滩江海关之大钟，就此群起效尤，都依照海关施行，每逢开会等事，必书明新钟几点（譬如下午新钟二时，实则只下午一时）。后来钟虽拨快，而不守时的恶习惯依然不能打破，徒滋纷扰，故未满半年，这个新钟制度也就无形的取消了。

市　虎

在那电杆木上，常常可以瞧见"马路如虎口，当中不可走"的警告纸，可是"市虎"（即汽车）杀人的惨闻依然不断地发生。在遇祸之人，血肉横飞，伤胫断腿，宝贵生命殁于俄顷，自然是不幸极了；而在汽车夫方面，又往往说道倒霉者自己不小心，于人何尤？不过平心而论，汽车和伤者、逝者应彼此各任其咎，才是平情之道。

各马路上两边水门汀路为人行道，专为人们步行而设。穿过马路，既有红绿灯示众，又有警捕指挥，如人们能依此而徐行慢步，自少意外横祸。奈有不经意人常常喜欢在马路当中踱方步,穿过马路也不依照红绿灯之变换和警捕的指挥,急急地冲过去。逢到汽车疾驶而过,不及刹车,往往肇事,其原因都属于此。

惟有在冷僻转弯抹角地方,汽车忽倏地冲出来且不揿喇叭警告,致发生惨剧者,也常有所闻。这种责任,理应归汽车夫独负。

总之,在"市虎"繁多处步行,人们须处处留神,实行"马路如虎口,当中不可走"的警告,才少送掉几条宝贵的生命。最近据公共租界工部局报告,过去的一年中(即民国二十年),因车马肇祸而死亡的人数共达一百三十三人,受伤的人数共达四千三百多人。这个统计,岂非骇人听闻吗?然此不过公共租界一隅而言,还有法租界和华界方面却不在内。倘一一统计起来,其死亡率和受伤的人数断断不止此数。又车辆杀人,更不限于汽车,而电车、马车也会肇祸。

红绿灯

沪市为通商要地,中外毕集,马路上一天到晚地各种车辆竟至鱼贯不绝,拥挤万分,故在各冲要路口,派遣中、印巡捕持棍指挥车辆和行人,以免疏失。后来因最热闹路口专靠巡捕指挥犹恐不周,特装设红、绿电灯各一具,由一捕专司其职。譬如车辆和行人欲穿过马路,用绿灯示之;如系红灯,不许穿过,只可直行。每天从上午六点起晚上十二点止,为红、绿灯互转时期;十二点后,红、绿灯也都熄了,因此时行人和车辆较少,不致再发生意外之事。

这红、绿灯的装置,闻各国各大都会久已施行,而在沪上装用,不过四、五年的时候。

名人与花柳

海上为淫风最盛地方,卖性的妇女滔滔皆是,欢喜猎艳的很容易患花柳病,而花柳医院和花柳医生因此也最多。它们因欲生意兴隆,不惜牺牲巨大的金钱,在各报上登载很使人触目的广告,引起病人的注意,而且广告后面必列着几位海上名人具名介绍。它们的意思无非炫耀自己医术之高妙,故许多名人乐于替它揄扬。

不过吾有点不懂,岂所谓名人也者个个患过花柳病,经过这位医生治好的,以故代替介绍,聊图报德? 如非患过花柳病,是这班医生所冒窃的,为什么不声明一声,情愿被他们利用呢?

此地不准小便

街头弄口的墙角上,多印着中、英文合璧布告道"此地不准小便,如违送捕究办"字样,但是要小便者依旧在此小便,并不因有此布告而不便。本来,随地溲溺,粪汁满地,臭气触鼻,实属有碍公众卫生,稍知自重的也不愿明知故犯。但是地面上公厕太少,人们偶因便急,没法找到公厕所在,只得随地的便一便了。

有些地方,特为画着一只乌龟,并题了几句俗不可耐的歪诗,以示警告人们不准在此乱便。不过越是在乌龟底下,小便的人越是来得多,要想拿乌龟来吓人,反而失掉其效用。总之,便急的人并非故意要违章,实因急切找不到便之所在,只好不得已而便一便了。

打　样

建筑房屋之先,须先打样(即房屋之图案)送呈当局,请求核夺,核准之后才可兴工建造。在建造期间,当局常派有职员前来查看工程。倘建造手续和打样不符合及偷工改料等弊,一经查出,立令拆卸重建,丝毫不许含混。倘关于公众来往地方的戏院、游戏场、旅馆等建筑,更特别注意,因公众生命寄托所在,不得不格外郑重。

此项核夺机关,公共租界在工部局,华界在土地局,法租界在公董局,他们都派有专员专司其事。

还有各商店每天收市,也叫"打烊"。"打烊"和"打样",音似同而意义大不相同。

抛沙掷泥

妇女们乘坐人力车在路上经过,常有顽童和不道德者抛沙掷泥以取笑乐,更有用小洋钉、碎玻璃乱掷者。等到停车责问,若辈早已远扬无踪。也有站在洋台上面,伺隙抛掷。这种恶作剧的无赖举动,小则污人衣服,大则伤及头目和流血惨事,殊为可恶。顽童无知识,情还可原;成人之徒也如此的轻佻胡为,实属罪不可恕。

从前每逢废历元旦，娼妓和人家妇女都打扮得花枝招展，坐了车子兜喜神方，游四马路。一般无赖购好金钱炮，在各茶馆的洋台上啜茗等候，瞧见车辆经过，他们就取出法宝，任意抛掷，劈拍声浪响彻云霄，掷中妇女面孔则拍手狂笑，以表胜利之意。后来租界当局一再严予取缔，此风方才消灭。这种无意义的轻佻行为，和顽童的抛沙掷泥，其罪相等。

搭客要找保证

自从前年行驶长江外海各洋商轮船常有匪类扮充搭客混入，驶至中途，忽各执凶器肆行搜劫，抢完了，乘预先约好的盗党小轮，呼啸逸去。船主吃了这个亏后，为防微杜渐计，实行一种搭客保证的办法：搭客到船局去购票时，先给你一份空白保单，照单填好，并须殷实铺保负责盖印，才许你登轮。倘使途中发生意外，须令保人赔偿损失银二千两。轮船到达目的地平安无事，此保证才作废。保单格式如下：

立保证人○○○号，今保到○○年○○岁，○○省○○县人，职业○○，今搭某日○○轮船往某处，所带行李内或身上如有挟带军火、烟土或违禁品等被海关或其他官厅查出，或本人途中有干连任何强抢、盗劫之举，保证人自愿一概承认赔偿二千两为止。恐口说无凭，立此保证存照。

立保证人签押　保证人住址

自施行这个搭客保证后，在轮船上虽可平安无事，而在搭客方面颇多麻烦。倘使正当良民欲趁轮船，找不到殷实铺保，只好望洋兴叹，不能出门，这是多么的不便！近闻外商各公司早已实行此搭客保证，仅招商局还未施行。

大舞台对过

在下层社会里或妇孺口中，常有一句口头禅，叫作"大舞台对过"。这句俗话，不知道内幕的人往往莫明其妙，其实是一句腰斩过的表白话。因为大舞台戏园对过开着两爿糖果店，比屋而居，招牌都题"文魁斋"，且每家店门前悬着一块市招，正面画了一只大乌龟，旁书"如有假冒者是此物"。那只大乌龟底下，还有"天晓得"三个字，两家市招均书画一样。它们的意思，欲表明吾们是首创老店，其它都是假冒。不过两爿文魁斋，都自己说他人假冒，究竟那一家是假冒，那一家不是假冒，实在使人莫明其究竟，只好归之于天晓得了。

譬如有一桩事，冤枉了某甲，某甲竭力辩白，末了更说一声"天晓得"。甲的意思是说这桩冤枉，人们都被蒙蔽，只有天老爷晓得（晓得即知道之意），故有"天晓得"之说法。后来索性不说"天晓得"，改说"大舞台对过"，岂不成了一句腰斩过的土话吗？但是初到上海的民众和不知社会情形的人们，听了"大舞台对过"一句土话，都会如堕入五里雾中，瞪目不知其出典。

这么一来，无形中倒代替两爿文魁斋做了不少的宣传功夫，因说起"大舞台对过"，就会联想到文魁斋去，而文魁斋方面也得了不出代价的无数宣传员。

马路政客

社会上有一种人，问问他们的职业，非士、非农、非工、非商。既非士农工商，究竟是做那一项职业呢？他们的职业，乃是跳出寻常职业以外的一种特别新职业，名叫"吃团体饭"。

吾国人民向来如一盘散沙，如果有人结成团体，原是一桩极好的事情。不过这般人所组织的团体，并不是为着国家和社会着想，纯为自己捞钱出锋头计、为做官发财计。因此他们团体的名目虽很好听，问问他们所在地，只有亭子楼一间，或灶披间一方，他们办事的人物也只有三数人而已。

他们的拿手本领，唯"钻头觅缝，信口开河"八个字，为他们不二的秘诀。瞧瞧他们的外表，交际是很广阔，衣服是很华丽，口才是很擅长，与人谈话充满了仁义礼智信。故没有拆穿西洋镜以前，固然是一位热心爱国的好男儿；倘使拆开来一说，他们的热心……爱国，都是为着自己吃饭……捞钱。

逢到国家有灾难，政治有剧变的当口，他们必诌成很长的快邮代电或什么宣言，送到各报馆去，要求登载，馆方一经披露，他们已如愿以偿。至于电文中的各种主张，请问那一桩能够办到，那一项能够实行，都如痴人说梦，空言欺人罢了。

现在吃团体饭的活动分子，少说些也有好几千人。他们的目标，不但是骗碗饭吃，一天时来运来，还可以发财……再可以做官。

他们天天挟着一只大皮包,忙忙碌碌的东奔西跑,赶做他的特别新职业,因此人们都尊他一声"马路政客"。

欧　化

现在一般摩登的青年和有钱的富翁,不但对于衣、食、住、行都崇尚欧化,即如起居一切、语言动作,也都仿效西式。如衣非西装不着,食非大菜不快,住非洋房不乐,行非汽车不走,还有屋里的装饰、身上的穿戴,都统统西式是求。叫起人来,满口"密斯忒"、"密斯";写中国字,必喜横写;吃食水果,也要吃外国货;生病吃药,也要购外国药;连断了气直了脚,也要睏一口外国的玻璃棺材,才觉心满意足。

在他们的心目中,中国的东西样样是不好,中国的习惯又样样是腐败,要做时髦人,非式式学步欧化,不能算头等漂亮人物。

有人说道,这班新人物抱有大志愿,他们恐中国灭亡以后求不到立脚地,故预先欧化起来,以后可与外国人同化,免受亡国的苦楚。吾道这条妙计好是好的,可惜你的头发不金黄,鼻子不高耸,眼睛不深陷,皮肤不白色,将来你虽满口的"也斯"长、"也斯"短,因为你的尊容如故,决不错认你是外国种。国亡以后,依然要受亡国奴之非人生活,到了那时,这条妙计岂非等于白费心思吗?

小　鬼

上海滩上,赤老(即鬼之代名词)真多,因为常常听见人们骂起人来，总是"赤老"长、"赤老"短，这个骂鬼的声浪，早已普遍社会。且"赤老"上面，大都加一"小"字，意者做了"赤老"，当然要列入"小"字之列，不登"大"雅之堂了。

从前倡门中有一句口头禅，叫作"礼拜六，洋行小鬼叫出局"。到了礼拜六夜里，一班吃洋行饭的人胡天胡地去玩娼和叫局，故有此一句口号。等到银行盛行以后，更多一班吃银行饭的人去白相堂子，故又叫"礼拜六，银行小鬼叫出局"。她们背后骂人"小鬼"（沪音读居，北音读管），大约指洋行和银行的客人体魄矮小之故。不过吃洋行银行饭的人，未必见得个个是侏儒一流，她们称"小鬼"也者，或许含有轻亵之意。据作者意思，人们骂人曰"小鬼"或"小赤老"者，不外乎两种原因，一指体魄矮小，一含侮辱之意。

在常人口中，倘使对人骂了一声"小鬼"，势必要起冲突，或者要酿成动武活剧。如果这一句骂词，出于摩登女子或倡门姑娘樱口中，被骂的人不但丝毫不怒，反而觉得有无上恩宠，遍体松快，更有嗔怪美人不多骂几声"小鬼"，使他尊骨多轻松一回。

棺材店里的鬼戏

每逢废历朔望，棺材店里老板照例有祭棺之举。到了那天，他们开了后门，将一口棺材倒屁股的竖起来放在后门口，燃点着香烛，焚化了纸绽，就算完事。他们的意思，希望将棺材颠倒竖起来，明天会有生意到门（倒、到同音）。

到了除夕那天，他们又有什么祭材神举动，除点香烛、焚纸锭外,还有一副猪头三牲。老板也衣冠楚楚的一跪三叩首,等到叩头完了,再用一柄破扫帚,叫匠工在每口空棺材上狠命的抽击一下,并喃喃说道:"你如有灵,请你快快的出去。"意思就要明岁大年初一,就有一批好主顾到门来买一空。请问他的存心怎样?这就是他们的鬼戏。

茶　馆

从前南京路、福州路、广东路三块地方的大茶馆很多,并且有广式、苏式、本地式等种种的分别。到了现在,昔称最多地方的茶馆,早已关的关、歇的歇,目今所存者已无多了。

十几年前最著名的广式茶馆,如同安、易安、全安、福安、怡芳、同芳也都一律停业。还有一家牌子很老的五龙日升楼,也因生意清淡,自动的收歇。日升楼地处南京路、浙江路、湖北路之间,为五路衔接要道,开茶馆的老板题了"五龙",却还名副其实。最近在日升楼遗址,新开设一家方壶酒庐。茶馆变为酒馆,有茶癖的人们过此,只好望茶兴叹了。

最近方壶酒庐也关了门,改开一爿广式酒馆。

吃包茶

吃包茶者,每天在固定的时间里,必到一家茶馆去茗饮。这种朋友,都属于工友和掮客为多,他们人数既众,每天必去,故以吃包茶来得合算。

吃包茶怎样吃法？预先在一家茶馆某堂口内，认定一只台子（也有认定睏榻的），并认定每天泡几壶，约在什么时候必到，以及每月茶资若干、小账多少。接洽妥当后，每天到时，堂倌必先将茶壶、茶杯放在台中以作标识，等包客来吃。老上海人跑到茶馆里去，看见茶台上放着一堆茶壶杯，虽阒无一人，也不去坐。倘你不知其故，要在这台上吃茶，堂倌必婉为拒绝。

从前大烟间公开时候，也有吃板灯之举，即烟客预定天天到这只榻上去开灯吃烟，名叫"吃板灯"，和茶馆里面吃包茶，是同一的意思。

小账分文不取

各茶馆的价牌上，大都标明："早茶每壶若干文，午茶每壶若干文，小账分文不取。倘使强索，告明账房，立即斥退。"写来如此明明白白，一若真真分文不取者。考之事实，又大大不然。堂倌收资时，必于额定外要加收二三十文，或五六十文不等，才放你走出。倘使你照价牌上给资，他必一百个不愿意，并说还要叨光小账，这个恶例可称全上海的茶馆都是一样。

"小账分文不取"的效力既等于零，不如索性改写"小账随客酌给"那就好了，更可免除茶客付给茶资时多加一番麻烦和争吵。

堂彩以外之堂彩

什么叫"堂彩"？就是小账的代名词。人们到了酒菜馆、宵夜馆和杂卖店去饮食,例如正项共计九块钱,他开起账来,另加一成堂彩一块。照例九块钱加一,只九角足了,然而他们都算一块的,共计十块,临别时还要叨光小小账一块(洋泾浜英语呼"客姆赏")。故而未付小小账之先,他们格外来得巴结,大献殷勤,其目的只在金钱而已。如此算来,岂非食去九块钱数目,小账和小小账倒要费掉两块钱呢?此之谓堂彩以外的堂彩。

据说这种小小账的开始,从前本不大通行,后来有了一班阔客和公子哥儿,视金钱如泥土,自谓请客应酬那肯惜钱。开始之后,到今已成为惯例了,至于大阔老付给小小账时,加四、加五的滥给也有,不过这是一种例外。

送元宝

每年到了废历十二月初一至三十日止,浴室和茶馆例有送元宝之举(即是打抽风),对于老主顾则一律送的。用青果(即橄榄)十余枚、橘子二三只,装入小黄篮及小蒲包里,拎至主顾前说道:"请用元宝。"末了,至少须另给大洋一元,或二元、五元,才称谢不已。倘使仅给几角小洋,他们谢也不谢,勉强收去。现在有几家浴室,已不用黄篮蒲包,只将青果、橘子摆入瓷盆里,惟茶馆里仍多用黄篮蒲包者。别种商店对于常年老主顾,到了年底只有客气对待,而浴室和茶馆反欲在老主顾前大打其抽风,真不可索解。

又至废历年底与新年前后十天,各浴室浴资每客加倍收取,其他擦背、扦脚、剪发也一律加倍。茶馆只新年五天加倍收资,名曰"元宝茶"。

前岁黄楚九在世时，以所开之温泉浴室乃打破此恶例，特登报声明，取消打抽风和前后十天加倍收费。同行中虽多侧目，而在主顾方面则多乐道了。

现在有几家仿效温泉，也不送元宝，更有前后十天并不加价，照平常一样，不过是少数而已。

看热闹

上海的人们，最欢喜是看热闹，尤其是下层民众更看得起劲。像某公馆出丧哪、某庙赛会哪、某处火警哪，都能哄动不少的男男女女丢了正事不干，聚集了许多人前去看他一看，才觉心满意足。有时候碰到马路上巡捕捉小瘪三，隔壁人家夫妻俩争吵，也会哄动一群人去瞧瞧。他们看热闹的兴致的确很浓厚而有味，在旁人看来实在是无聊得很。

抄把子很容易发生不幸的事。碰着歹人在内，不服检查，就要砰砰碰碰的开枪，这是何等地危险？在理应趋避不遑，而欢喜看热闹的人们，每逢检查，大家也会哄上来瞧一个饱。不过遇着触霉头时候，没有眼珠的流弹飞到你身上来，就会发生极大的危险。这叫做活着不耐烦，自己去送死，真是何苦！

无意识

"天皇皇，地皇皇，吾家有个小儿郎，路过君子念一遍，一晲眠到大天光",和"出卖重伤风,一见就成功"。这种顽意,在那墙壁上或小便处,是常常可以瞧见的。

小孩夜间啼哭和人们患了感冒,应用正当的手续来制止和医治,那有写了几句俗不可耐的字条儿贴在墙壁上,就可以如愿以偿吗?这种一厢情愿的办法,适足证明无聊而又无意识,而人们知识的幼稚,这么一来,也就暴露无遗了。

医　院

各马路上的什么医院什么医院,竟至触目皆是,其多如鲫。它的数量额,虽然不及剃头店、烟纸店那么多,如果要统计一下,也着实不少咧!

其实要称到医院,须有广大的房子、完备的器具、各科的医师,和受过训练的看护士与看护妇,如仁济医院、同仁医院、广慈医院、红十字会医院、广仁医院、宝隆医院、上海医院等等,才可称得起医院两字。

可笑现在各马路上的医院,只租借店面一小间(至多也不过租借市房二三幢),也挂起医院牌子来。它的招牌上面,居然能说统治百病,不论内外花柳、险症重病都可治疗。其实它的内容,只有一个全知全能的医师,一天到晚串着独脚戏;至于设备方面,既无病房又没看护,至多不过雇一助手和一仆役而已。

它们的业务虽称统治百病,其实却注重花柳一门。上门看病的主顾,大半属于花柳一类,对于病人,往往打上一针六零六、给付一些解毒药,就算完事。其它险症和重病,决不请教它们的即使有之，它们也只好敬谢不敏了。

依事实而论，这种小组织，只可称一声某某治疗所或某某诊所已经够了，何必要大言不惭地自称医院呢？

基督教

基督教包括天主教、耶稣教、希腊教三种，该教宗旨以博爱和救人相号召。其实一究其真相，完全是帝国主义侵略中国和麻醉青年的开路先锋。基督信徒一再诋谶国人迷信神权及崇拜偶像，而他们迷信基督，也和国人崇拜偶像其心理初无二致。不过他们迷信一神，可称寡神教，国人崇拜偶像是迷信多神，可称多神教罢了。

耶稣教多以英、美两国人为主人翁，天主教以法国人为主脑人。言其势力，天主教较耶稣教为雄厚。试观徐家汇一地，教堂之伟丽、财产之众多、信徒之繁夥而团结，已可见一斑。他若内地各城市各乡镇，多有十字高耸之天主堂，耶稣堂比较则少。更有只租借民房若干间作为传教讲道之所，天主教则无此简陋。

耶稣教中多有什么会的分别，如伦敦会、圣公会、监理会、长老会、浸礼会等等，天主教则无之。

最近九四老人马相伯先生演讲《我国积弱的原因》一篇，说起帝国主义宗教侵略的煽惑，极为沉痛。兹转载如下：

我们有一部份人，已知道基督教是帝国主义侵略中国的先遣队。因为他们藉了宣传宗教为名，任意深入内地，以迷信神权最深的中国人，那有不被他们用深刻的手段感化了盲从了去呢？自庚子以后，全国没有一处无西教的踪迹。他们传教的步骤，先仗帝国主义的势力，在内地荒凉之处垦地开渠，大事拓殖，设立医院，举办学校，信徒求医、求学者，一概免费。在内地有了这两大利器，焉能不受人欢迎？于是信徒日增，但见十字架直立空中的教堂广厦连阡，教堂所在树木参天，道路平坦，周围花草鲜艳夺目。以枯涩未开通的中国内地，有此灵境，人民焉能不乐而从之？这西人魄力之大，无出其右。内地愚民一经迷信，终日祈祷，开口上帝，闭口天主、耶稣、玛利亚，不绝于口。一切思想煊然迷信化，不求努力进步，国家大势情形更其置诸度外。因为他们只有上帝，而无上帝以外的一切。这种被帝国主义宗教侵略包围下的人民，身为中国国民，只不过一条条的蠹虫罢了。而且西教在中国土地物质的占有，据最近调查所知，共侵土地八千七百万万六千万方亩，物质上的财产一万四千万三千万万元，数目之大，简直令人惊骇呀！

人们看了马老先生这篇报告，当知各帝国主义传教之深意了。况且马老先生是一位天主教的信徒，故能深悉教里的情形，而作此摘奸发覆、极沉痛的报告，更值得人们的注意。

前清之季，因教案酿成意外大祸，也有多起，结果不是丧失国土，定是赔偿巨款。创巨痛深的迹象，直到如今还留存着吾们的脑海里。唉！

大报最盛时代

上海为舆论的中心，久已誉驰全国，且各大埠之办报人均观摩于上海报纸。但是到了现在，出版报纸之数量逐渐减削，至今日仅有《申》《新闻》《时》《时事》《民》《晨》六大报而已。比较民元时代，已数量大减。民元时之著名大报，除《申》《新闻》《时》《时事》外，还有《天铎》《民立》《太平洋》《中外》《民权》《中华民》《启民爱国》《神州》等八家，合之《申》《新》等报，共达十四家之多，比较现下已减去大半。故追论上海大报全盛时代，当推民国纪元时为首屈一指（还有钱芥尘主办之《大共和报》谷钟秀主办之《中华新报》、章保世主办之《民强报》，均民元后出版，故列于后）。

各报社评之变迁

从前各大报第一张第一篇，必揭载一社评（亦有称"社论"、"社说"者）。曾忆周浩主编之《民权报》，每天长篇社评，多至三四篇以上。后来不知何故，《申》《新》《时》各报，都将社评一栏取消，改刊简括之短评。至短评体裁，闻系陈冷血、包天笑任《时报》编辑时，最先发明。第一张称"时评一"，第二张称"时评二"，第三张称"时评三"，惟仍不废社论。等到《申》《新》各报废除社论，改为短评时，每天亦刊三评之多，如《时报》然。近年以来，第二、第三两张短评久已撤销，仅第一张刊一短评而已，《时报》则完全废除久矣。吾友毕公天说："报纸之有评论，如人之有口。今评论之体裁废除，改为短评，宛如人口之已达不健全、不能畅所欲言的状态，或谓各报之仅留一短评，或完全取消，实具有不得已的苦衷。因言者虽无罪，动辄则得咎，反不如效金人之三缄其口，亦稳健免祸之意。近下惟天津各著名大报，第一张仍旧刊登长篇社论，且有敢言之誉。故最近胡适之氏批评全国报纸的精采，以天津为冠首，北平第二，而负有舆论中心点之上海反列入三等。唉！吾为之羞"。

到了"九一八"国难以后，《申》、《新》各报，才将短评取消，改刊千字上下的论说。因为国难当口，欲有所申述、有所献替，寥寥一二百字的短评实在不能尽言，故都改为适中的社论。

报界四金刚之凋零

《申报》史量才、《新闻报》汪汉溪、《时报》狄楚青、《新申报》席子佩等四人，夙有上海报界"四大金刚"之誉。论其地位和学识，虽各各不同，而蜚声报界则都不约而同。今汪汉溪先生久已物故，狄楚青先生也早已将《时报》让渡给金山黄伯惠，席子佩先生初创《新申报》时代烈烈轰轰，颇露锋芒，后因亏蚀不支，就完全脱离关系，回归青浦原籍休养，新近也故世了。说起现在报界的"四大金刚"，只有史量才先生一人，且史先生对于《申报》各事不大顾问，完全委托张竹平氏经理。以今例昔，使人不禁兴凋零之感。

野金刚

嘉兴钱须弥（芥尘）先生在报界的资格很老，交际也很灵活，民二在福州路办过《大共和日报》，前几年又接办毕倚虹之《上海画报》，在天津更办过《华北新闻》，在辽宁办过《新民晚报》，和朝野达官巨绅均有相当的交际。今《大共和》与《华北新闻》久已停刊，很有成绩的《新民晚报》也让给赵雨时先生，而他老人家在报界的资望仍处重要地位，以故友人戏呼钱先生为"野金刚"（作者按：因汪汉溪、狄楚青、席子佩、史量才四人为上海报界的"四大金刚"，前面已说过，希读者参阅罢）。

报头下之洪宪纪元

民国四年，袁世凯忽发帝制迷梦，不惜推翻中华民国。从登极到崩逝止，虽只八十三天，而沪上各报馆已大受其压迫。起初电令薛大可（薛为洪宪六君子之一，奉袁命在上海望平街南京路口开设《亚细亚报》，专事鼓吹帝制）转告各报馆：报边外的年月日，不准用"中华民国"字样，须用洪宪纪元，倘不遵从，一律查禁，并按名拿办。各报初置不理，后经薛君子威逼恫吓，无所不至，各报不得已才将"中华民国"四字撤销，改刊乙卯年几月几日，又将洪宪纪元用极小的六号字刊在报头号数下面，初看之几不可辨识。那时只《亚细亚报》一家，大刊洪宪纪元几月几日。后来蔡将军霹雳一声在云南起义，洪宪的活剧消灭，各报馆才得恢复原状。今日追思，还有馀痛。

汪汉溪大捧林黛玉

已故老名妓林黛玉，夙有"金刚"之誉。由娼而伶，由伶而妓，并一再从良，一再出山，统计一生不下二十多次。曾记民国七年黛玉最后悬牌为妓时，前《新闻报》总理汪汉溪先生捧之颇力，并送登一条封面广告，大书特书曰"潇湘馆主老林黛玉重行出山弦歌应征"十六字，极为看报人所注意。因为上海妓院向来不登大小各报广告，经汪先生这么一捧，老林的淫业的确借光不少。

十五年前之小报

十几年前的小报，全上海统计之，不满十种而已。那时间的小报内容，只刊些游戏文章、滑稽专电、戏馆新闻和几条刻板式的花丛消息、几则颂扬式的戏剧评语，且都用四号字排刊，材料极为简单，不过是天天出版的，篇幅也是直四开，和现在流行底小报一样。那时印刷，除用铅字付印外，也有用石印印刷的。

后来名记者余大雄氏首先发行了一种《晶报》三日刊（初发行时之《晶报》附在《神州报》赠送，后来《神州报》停刊后，《晶报》才独立发行，直到现在），很受社会上欢迎。等到三日刊之小报盛行后，而从前天天出刊的旧式小报就此陆续淘汰尽净，现下这种刊物久已踪影全无了。

现在流行之小报

三日刊之小报风行以来，迄今已有七八年的光景，但是中间也有过不少地变化，如五年前骆无涯氏首创了一种横四开的刊物

《荒唐世界》，专载嫖赌吃玩等荒唐事务，很能风行一时。后来什么"世界"……多至不可计算，当时读报的人们，目谓"世界化"。

又不多几时，康驼背氏也发行一种横式小报，题名《牵丝攀藤》。这四个字本上海社会上一句俗话，是表明纠葛不清的意思，出版以后竟能哄动一时，几有打倒《晶报》之势。投机的人瞧得眼红，于是你出一张《瞎三话四》，我出一张《阿要气数》，报名越出越离奇，文字越刊越不堪。此类刊物，名叫"俗语化"的横报。后来因为《牵丝攀藤》报上刊了一篇《房中术》，期期披露，专写性交的门槛，愈登愈龌龊，为当局所注意，将要检举。于是这张老牌俗语化之刊物首先自动休刊，其他各报也陆续停锣息鼓，各各关门了。

又过去了几时，更有一种什么"情"什么"情"的横报，也崛起一时。可惜世界化和俗语化的风头已过，大都发行不久，宣告休息。

"情"的报纸过去后，又流行过一种横八开的刊物，报名多题什么"常识"和什么"秘密"，真是五花八门，不能喻其玄妙。到了目下，这"秘密"和"常识"的小报，也都没有了。

现在流行的小报，还是直四开式。不过从最近的时候，又流行一种每天出版的小报，不过这种刊物和十几年前的旧式小报，它的编制内容是完全不相同的。至于以后的变化怎样，非本文范围内事，而作者也非预言家，恕我不能报告吧。

报馆街

福州路之望平街，从前人们都称它"报馆街"，因为这一条街道虽短而报馆却很多，全沪的各大报馆差不多尽在于此。不过到了现在，关的关，迁的迁，所存在者只有《申报》、《晨报》、《民报》几家。《时报》和《时事新报》早已将编辑印刷部分迁到小花园及江西路去，望平街上仅设一发行机关和编辑部分。

卖朝报

常常瞧见街头巷尾，有人拿着极粗俗的石印刊物，边卖边喊道："说新闻来话新闻，两只铜板卖一张。"更故甚其辞，大造谣言道："八十五岁老婆婆，下嫁了一个二八青春的小白脸，烧饭司务跌倒汤罐里；天齐庙里老和尚，开直了庙门，红灯花轿娶娇妻。"一派胡言乱语，引动了知识浅薄的男男女女围拢来，都要买一张看看。这种生意，就叫作"卖朝报"。

当、质、押

一般穷光蛋的后门（沪谚称典当为穷人后门），大别之共分三种，曰"当"、曰"质"、曰"押"。押的规模较小，取息很重，人们一望而知。典当和质当的范围相若，取息相同，规定的赎取期限也仿佛，然而何以有当和质的分别呢？

按照清季定制，开设典当，须到本省布政使（藩台）衙门去具领准许营业的帖照，倘使开设质当，那就不须领帖，故有此一字的不同。

当 价

从前各典当对于当价，金子和银子的当价最高，次则衣服，再次则珠子钻石。衣服一物，向来可有六折当价，至少可当对折。譬如一件衣服，值价十块，可以当六块，少些也可以当五块。可是现在不行了，衣服只有三四折可当，女色衣服更当不起，至多可当一二折。而奇形怪状的摩登女衣，竟有拒绝收当者。它们的意思有二层：一因银根奇紧，不愿多收进呆货（它们称衣服为呆货），故将当价折低；二因衣服式样年年改变，今年以谓时式了，到了开年已变为落伍，而于女衣式样的改变尤快，故女衣当价尤当不高。

从前赤金市价每两在六十多块时，当价可当四十块一两。现下金价腾贵，每两已涨到一百多块，当价可当八十块一两。白银市价每两一块六七角，当价可当一块。金、银两项东西很为灵活，譬如今天满期，明天就可取出来，到各银楼交去，立可变成现洋。衣服满期后，还要等各提庄来购去才可换现，如各提庄不来交易，这种满期货色就会搁起来，各典当对于衣服当价的折低，此亦一大原因。

各小押当对于衣服当价，比较大典当来得看高一些。不过押当利息重、期限短，虽说当得高，其实暗中吃亏也很多。

当儿钿

常言道："典当是穷人的后门。"这句话的确不错，因为无产阶级的穷百姓进款有限，不够所出，常常要闹穷，碰着急迫的当口，只有当当头一路可应急需。

穷人跑进典当门去质钱，坐在上面的朝奉先生竖起一只晚爷式的面孔，将东西翻了一翻、看了一看后，才大声问道："当几钿?"这句问话虽是朝奉对待当户的客气话，其实朝奉心中，翻看东西后早已有着数目，不过假客气一回罢了。譬如有一种东西，当户要质五块钱，朝奉先生起初说三块，后来至多加上一块，合成四块，已算万幸。当户倘使不知趣再要噜苏，那朝奉先生就别转脑袋，不来睬你了。

不过碰到大票头的当户去当赤金、珍珠、金刚钻和贵重细毛皮货，数目总在几百块或几千块之间，他们就换上一副面孔，虽不能和颜悦色殷勤招待，而讨人厌的晚爷面孔忽变为一只老大哥面孔，问起话来也和婉许多，不像对待小当户的神气十足，大声乱问道："当几钿?"

徽骆驼

各典当所雇的店员(俗称"朝奉")以徽州籍最多，不但海上如此，凡各镇各县的典当店员也多徽人充之，故有"无徽不成典"之谣。沪人戏呼这班徽州夥友曰"徽骆驼"，不知是何用意。一说因为各典当的木柜台装得特高，店员高踞其上，势若驼背，有可望而不可攀之势，故象其形而戏呼之。曾忆往年徽人曹梦鱼发刊《骆驼画报》三日刊，已自认"骆驼"为徽州人的专有名词了。

押店之利率

穷人的后门，除掉典当、质当之外，还有一种小押当，又称"押头店"。"押头店"的数量超出当质要多几十倍，马路上鳞次栉比，大有十步一押之概。押店的组织很简单，而对于押户取利独重，并不以月计而以期计，以十天为一期，每期取息三分，一个月计算之要月息九分，比较当质铺每月以二分取息，实际上已加多至五倍。押店所定之赎取期限也短，大都是六个月为止。不过也有每期取息二分或一分，赎取期限延长至十个月或十二个月者，这种押店究属不多咧。

两广地方盛行一种"饷押"。什么叫"饷押"呢？就是兵士未得饷银以前，暂将衣物质资应急，等到饷银到手再去赎回。故沪上押店的主人翁，以粤、桂两省人为最多。

借印子钿

社会上有一种重利盘剥、掊克小民的放债，名曰"放印子钿"。放债人从前以山西帮最多，缘山西人视钱如命，又精筹算。到了现在，除掉山西帮外，别帮也有了。譬如你借他十块钱，他当时先扣除鞋袜费一块，净得九块，又给你一个长只寸许的小折子，分六十天还清，每天拨还两角。到了夜间，他自来收取，在那小折子上打一"收讫"的小戳记，六十天后债款还清，这个小折子也就取消。譬如数目在几十元、几百元以外，其还债之法也照十块的例推算。倘和债主不相熟，借款时候也要保人，也要借据，不过借据上利息一项，都写照典起息，这是债主一方面的狡猾。

债主的凶恶和重利，如上所说已可见一斑，故平津方面称谓"借阎王债"。不过凶恶虽凶恶，而借印子钿者都情情愿愿，甘之如饴，这是什么缘故呢？因为贷借人或做小贩为业的，或在赌场中做股东的，他们今天借了十块或一百块，只消几天时候就可以盈出一倍或数倍的余利，以故对于放印子钿的人，无疑是他们的救命王菩萨。

借皮球

这个皮球，并非是学生运动用的大皮球，也非小孩顽耍的胶质小皮球，乃是社会上重利盘剥的一种隐语。譬如借债人要借一块钱的皮球债，天天付还利息五十文；借十块钱的，天天要还利息五百文，等到一块钱或十块钱的借本一次还他了，才可以作为结束。否则须天天还五十文或五百文，还到年深月久、一生一世，是永远还不清的，如球之周而复始，没有尽期咧。借印子债是天天连本拨还的，借皮球债是天天还利不减借本分毫的，其为重利盘剥，则又不约而同（最近《新闻报》载：南市某小贩因借皮球债，负担过重无力还本，就此寻死，可为一叹）。

一角过夜

社会上重利盘剥的债主，除掉"放印子钿"和"放皮球"外，还有一种叫作"一角过夜"的重利。譬如你借他十块钱的债额，要每月取利一块,而且第一个月须先扣利息。再重利的,也有二角过夜呢,其取利之重,比较一角过夜还要加多一倍。"过夜"两字也有根据,譬如借期只有一天的时候就去还他,但是利息他们也要照一个月计算,故名"过夜"。不过现在借债和放债两方面,都改叫"一角过洋"或"二角过洋"了。

放这种重利的人,除了国人外,还有一般印度侨民,也多备款出借。借的时候既要保人,又要署券,还要在券上盖好手模印,手续很为郑重。他的意思,恐防日后借债人的图赖,故不得不如此周到和麻烦。

各银行之钞票

从前市面上通行的纸币(俗呼"钞票"),要算各外国银行发出的最多,如汇丰、麦加利和嚹华比有利、花旗、正金、台湾等等。彼时华人一致信赖外国钞票,对于本国银行的钞票反不大信任。等到洪宪一役,袁皇帝为集中现金起见,电令中国、交通两行停止兑现。不过钞票停了现就等于废纸,而且要捣乱市面,摇惑人心。那时候宋汉章先生任中国银行行长,不奉乱命,照常兑现,天天兑去数百万块的现洋,他仍旧措置裕如,不露丝毫竭蹶态度。不多几天,风潮平息了,华人对于使用本国银行钞票的信用就此一天提高一天。到了现在,市面上行使的钞票都是本国的,各外国银行的钞票反一天少一天了。追想起来,全赖宋先生的维持大功。

华商银行发行纸币,要推中国、交通、通商、四明四家时代最久。继续而发行者，如中国实业、浙江兴业、中南、中央、垦业、广东、香港国民等各银行。据说发行纸币须先呈请政府核准，例如要发行一千万元数量，更须筹备现金六百万元、国家公债票四百万元，常存库内用为准备金，才可发行。

市面上行使的钞票，以一元、五元、十元三种最多，其一百元和五十元的大数目钞票很少，只有大商家和大腹贾手中常有来往。一般穷小子眼中，可谓一辈子不会看见的也很多。而大数目的钞票，各外国银行都有发行。华商方面，只有中国、交通、通商、中南几家而已。再有银两钞票，除外国银行统有发行外，华商银行不过通商一家。

四明银行从前发行过二元一张的钞票，今也收回销毁了。美商友华银行发行过二十元一张的钞票，自从友华收歇后，此项钞票也都收回了。还有广东银行，也发行过一元、五元、十元的三种钞票，后来不知怎的尽数收回，现今市面上早无广东银行钞票的踪迹。香港国民银行的钞票，现也陆续收回，故市面上已无该行钞票。

十五年前还有一家殖边银行，发出来的钞票很多，后来殖边倒闭，此项行使市面上的多数钞票就此等于废纸，一文不值，虽藏有钞票人组织什么债权团，起而呼援，扰攘几年，结果仍旧丝毫不生效力。

前年中美合组之懋业银行也曾发行过钞票，等到懋业收歇，所发出去的钞票一律由清理处备价收回，且数量有限，不到几时都已收回了，故市面上没有受着一些影响。

浙江实业和劝业两银行从前也都发行过钞票，不多几时也一律收回。民十六，中国、交通两银行鉴于市面上辅币（即角子）

缺少,劣辅币又太多,特又发行辅币券(俗呼"角子钞票")以救济之。中国分一角、两角、五角三种,交通分一角、二角两种,不过辅币券以十进计算,即十角数目可换国币一元,除去辅币贴水之麻烦。最近中央银行发行的辅币券,也一律通行无阻了。又闻平、津、辽、吉等省久已发行辅币券,更有铜元券,种类更多。

去年农工银行也发行一元、五元、十元的钞票,票的颜色分红、绿两种。

满天飞

银、钱两业的票子发出在外的,约分三种:(一)本票,(二)钞票,(三)支票。本票(俗呼"庄票")系该业自己所发出,票面数目,小或数十两,多至几百几千几万几十万两。同行中对于某家发出之票,照例不分歧视一律收用,故有"满天飞"之荣誉。

某庄或某行因有变故宣告停业,第一步须先清理发在外面之本票,以维同业信用;第二步才清理钞票;至第三步,始理存户存款。他们的意思,本票和钞票系自己所发出,为维持同业信用计,为遵守历来惯例计,故亟须首先清理(间有拆烂污的银行不收回钞票,如从前信义、殖边等银行,究属少数,可作例外)。存户系自己信用该行而去存储,故搁在最后清理。

抢帽子与捞帽子

这抢帽子和捞帽子的顽意,并非小偷儿在电车上抛顶宫的伎俩,是交易所中投机人和经纪人一种损人利己、手快眼快的别名。什么叫"抢帽子"呢?譬如价钱小的时候买进来,价钱一涨马上就卖出去,并不搁在手中过夜,只不过经一经手,稳赚他几两银子,这叫"抢帽子"。

做了经纪人,顾名思义,是专替投机人买进卖出,自己只赚若干佣金。但是佣金有限,不够他们的欲壑,便使出"捞帽子"的手段来,赚了钱算自己的,亏蚀了本推在别人头上,他们腰包中的花绿钞票大都是从这样多起来。所以精灵的投机朋友,虽已托了经纪人,也必须从旁监视,才免"捞帽子"的暗算。不过投机朋友精灵的少,浑蛋的多,大都托了经纪人做交易,自己却在家内吹吹大烟,叉叉麻雀,喝喝美酒,自谓意外财源就可滚滚进门。末了,意外横财得不着,反将自己的金钱整千整万地送进去,非弄到身败名裂、寻死觅活不休。

金价之贵贱

欧战时代,标金仅二百余两,银楼焰赤仅每两二十二元。那时候的金价可谓廉极,以现在之金价比较,适成五与一之比例。盖欧战时代,各国所贮藏的金条尽行兑出以作军需之用,金多则价廉,理所必至。现在则不然,据说因二次欧战已在酝酿,各国均尽量罗致赤金,不惜转辗相求以备将来万一之需要,故市面上赤金愈少,求过于供,以致价值日涨无已。而舶来品因金贵牵累而价亦飞涨,吾生产落后之中国,其危险遂不可以胜言了。

马永贞与霍元甲

三十年前有山东大力士马永贞者,来沪卖艺,扯起两面竹布白旗,大书"脚踢黄河两岸,拳打南北二京"十二字。据父老相传,马之神勇,很能压倒侪辈,中外詟服。后来马永贞为习俗所移,不常卖艺,专在马贩子身上滥索陋规,以达其不劳而获之目的。譬如马贩子在北方贩了一群马匹来沪鬻售,每头须先提出若干金孝敬马氏。倘稍予游移,永贞以相马为名,随手在马身上一拍,此马已受内伤,不能出卖了。于是马贩子和永贞结下深仇大冤,只畏马神勇,没法和他抵抗。后来马贩中有绰号"白蜡痢"者,素工心计,尝在帮中当众宣言,力称欲除马氏,必以计诱之才可成功。众佩其智,公推白蜡痢相机行事。

公共租界大马路中有一洞天茶馆,为马永贞每晨啜茗之所,寒暑无间。某日清晨,白蜡痢备好石灰屑一大包,更选就饶有膂力之同党十余人,各持利刃短梃,预伏梯边。马才登楼洗脸,白乘其不备,手拿石灰屑力掷马面,马正仰面漱口,猝不及防,两眼被石灰所眯,痛不可耐,且不能张望。此时各马贩子一齐上前,拳足交施,刀梃并击。结果虽将一代大力士摔死,然马贩子中也被打伤多人,可谓勇已。倘不先将马眼眯盲,决不能致马死命。

清末又有霍元甲者,河北人,擅内外功,膂力胜人,生平门弟子极多。尝闻西人诮我为"东方病夫",愤愤不平,乃南下赴沪,先在张氏味莼园和著名欧西、日本各大力士角艺,结果都遭惨败,霍名亦大震。是时并率同门弟子辈组织精武体育会开门授徒,以普及柔术,一洗东方病夫之耻为目的,从者甚多。会霍有恙,曾遭惨败之某国大力士觇机会已至,以举荐医生为名,用重金赂某国医生乘间下毒,霍不察,竟此殒命,闻者痛之。矮子肚里疙瘩多,阴谋杀人本其专长,独惜北人爽直,不能防微杜渐,以致惨遭非命,吾国国术界从此失去一健将,实为不幸之极。

马玉山与冼冠生

粤人马玉山擅制糖果,向在新嘉坡设肆经营,旋来沪上组设马玉山糖果公司。初在南京路东首赁屋两幢,营业殊不恶,继乃招股而大事扩张,迁至南京路福建路相近(即今天福南货号原址),自建层楼,高耸巍峨,外表颇壮观。未几又纠合沪绅,发起国民制糖公司,股本总额定为一千万元,先招四分之一,计二百五十万元。登报宣传后,沪人士鉴于糖业利权之外溢年耗甚巨,又鉴于制糖一业确为最重要的实业,且需要与消耗均多,此种绝大企业,谁不赞成? 于是踊跃入股者,项背相望,未期月而四分之一之二百五十万元已告满额。曾忆第一次假总商会开股东创立会时,拥挤一堂,后至者几无插足地,其盛况可知。不料为时未几,即闻董事会中各董事,因购买机器生财,大生意见,内讧其烈。后乃几经斡旋,总算消弭于无形,然经年累月延不开办,而所招之股本已大半消耗于乌有之乡。等到吴淞糖厂落成,糖机购到,已无馀资开工。后再登报征收二次股金,然覆辙匪遥,应者寥寥。牺牲二百余万巨金之血本,结果只存一座厂屋、几部机器,殊为可叹! 同时南京路之马玉山糖果公司亦因营业不振,宣告闭门。马氏溜之香港,遂一去不返,而执有每股五十元港币之马玉山公司股票，即等如废纸，一文不值了。社会舆论事后群谓，糖果公司基础未坚，过事扩张，并将股东血本半入私囊，置洋房、造花园，糜费不资，一旦假面具揭破，周转不灵，就此破产。至制糖公司之内幕又为复杂，书之不尽。总之账目不清，视股东血本如同己产，任意挥霍，妄作妄为，此所以又一蹶不振，气息奄奄了。

二三年前，国民制糖公司各股东以血本攸关，迭假总商会召集开会，筹商补救方法。一面由工商部令行驻沪办事处，举行股票登记以凭清查，纷扰数月，后来仍无办法。每股已缴十二元五角之股票，又将步马玉山糖果公司之后沦为废纸，岂不可恨！

罪魁祸首之马玉山，波累几许股东，侵蚀几许财产，似应永居法权所不及之地，逍遥快活，挥霍无已。不料马已于去春客死梧州，临终备尝苦楚，而生前所攫的不义之财亦被马之亲友转辗侵蚀，所剩无几。此岂孔子所谓"悖入悖出"者非邪！

当马玉山公司鼎盛时代，粤人冼冠生氏集款只五百元，在南市九亩地赁平屋三间，制售陈皮梅及小包牛肉，规模极为狭隘。几年来惨淡经营，由小而大，迄今本埠分支和各埠分号均有多家，而"冠生园"三字也洋溢于社会，几至家喻户晓，遐迩咸知。且冼、马同为粤人，更同以其人名题公司，顾一成一败，其原因何在？大凡创业者，由小而大，能负责，能俭省，尤能时时顾全股东血本，则业务未有不发达、基础未有不巩固，反之也未有不蹈马玉山的覆辙。

还有三友实业社与家庭工业社两实业机关，今日社会人士但知其发达，而不知初创时代之三友与家庭，范围均极狭小，且各仅资本数千元。嗣后由小而大，逐渐扩充，且经理得人，经营十数年，致有今日的成绩。可知事在人为，后之办实业者宜可以取法了。

赤脚财神

商界元老虞洽卿(和德)先生他老人家的大名，在上海社会上早已人人皆知，个个称羡了。可是虞先生当那童年学业时代，天天赤了双脚，束了布裙，盘了发辫，做人所不屑做的琐事，吃人所不愿吃的苦楚。等到后来，学问也有了，名誉也大了，信用也昭彰了，他的地位就此一天升高一天起来。可是在四十年前的虞先生，做苦学徒时代，那知有今天的誉望呢？俗语说得好："吃得苦中苦，方为人上人。"这十个字，仔细想来，倒很有警策青年的深意。现在社会上呼虞先生为"赤脚财神"，就是他老人家的双尊脚，幼年尝跣足步行，故有此称号。还有一位新近病故的五金业领袖项如松先生，他在蜡烛店里做学徒时代，也和虞先生吃差不多的苦，做差不多的事，后来也誉驰商场，全沪皆知。今虽去世，而项先生的功绩还口碑道载呢！

张聋聋

从前有一个专医伤寒病著名的医生，名叫张骧云，后来因为年纪大了，两耳聋了，人们索性叫他"张聋聋"，这张骧云的原名反而默默无闻。他老人家出名的原因，有两层缘故：第一，凡去求诊的人,都不计诊金的多少,如给他两毫小洋,或二十铜元,他都接受。倘使要请他出诊,不论路途远近,只要一只大洋。如有真正赤贫之流,到他家里去求医,分文不给,他也按脉开方,不若别个医生专在诊金上斤斤较量,如路近若干、路远若干、拔号若干、舆金若干、早晚若干等种种区别。第二,他老人家心直口快。如人们患了夹阴伤寒,请他医治,他按脉问病后,先下一顿教训道:"你们太快活了,生出这样尴尬病来丢脸,阿要难为情?"教训完毕,然后开好方,叫病人快去服药,不得迟延。但是说也奇怪,染伤寒病的,不论夹阴夹阳、重病剧症,经他一医,十有八九都会转危为安,慢慢痊愈。因此"张聋聩"三字的大名,社会上竟至家喻户晓,人人知道了。

他老人家日里在家应诊,一天到夜忙个不了。每天刚刚东方发白,病人已陆续而来,客堂里、天井里,甚而门房间里,必坐满了病人,候他诊治。等到开诊以后,连吃饭休息也没有功夫,故人家请他出诊,须到晚上才来。每到深更半夜,他才坐着一乘小轿,轿前挂起一盏灯笼,笼上粘一"张"字,轿夫快步如飞的舁往病家去挨次医病,忙碌之极。

现在张聋聩老先生久归道山,曾经受他医愈的人追想起来,还有些念念不忘。

杀人不见血的刽子手

现在上海挂牌行道的国医,约共三千人以上。在那许多医生中,医术高明的、经验丰富的固属不少,而滥竽充数的也很多很多。甚或脉理未精、药味不熟,仅仅读了一册《汤头歌诀》,居然以国医自命。因此庸医杀人的新闻,在报纸上常常可以瞧见的。假使对方稍为强硬些,心有不甘,因之涉讼法院的,每年也有多起,岂不可叹!故沪人目此辈庸医为"杀人不见血的刽子手",的确有感而言。人们患了疾病,倘使觅不到良医,还是服膺古训"不服药为中医"罢,以免枉送了宝贵的生命,才是道理。

姚天亮、苏鸡啼

沪绅姚紫若(曾绥)先生,性喜诙谐,又好交际,与人谈话,能使人掩口胡卢。姚先生又善饮,量也很宏,每逢宴会,必须饮到东方发白才告辞回府。后来姚先生的朋友都改叫一声"姚天亮"了,他也不以为忤,欢喜接受。从前《时报》馆广告部有一位陈先生(名却忘了),他也欢喜作夜游工作,而且兴致很豪,非天天玩到天明不归,故一班朋友也呼他"陈天亮"。这就是有其一必有其二。

还有一位创办民立中学的苏筠尚先生,也和姚天亮一样,每逢宴会,必吃到晨鸡高唱才打道回去,因此人们代苏先生起了一个诨号叫"苏鸡啼",也是这个缘故。

交际博士黄警顽

提起了"黄警顽"三字的大名,凡在社会上露脸的朋友,大家都认识的罢!黄博士在商务印书馆不过做了一位招待处职员,在那外边和他认识的朋友，不但本部十八省区统有相识，即远至新疆、蒙、藏，黄博士都有朋友。他说："能知道姓名和常常通信的，截至现在为止，共有两万多人。"他的写字台上，堆满着各省各友的信札和各人的卡片，不计其数，足见他交友广阔的明证。且黄博士记忆力也很强，无论什么人，初次晤面交换过卡片后，隔了数年再去会他，他即能道出姓名和职业，一点也不差。他两万多的朋友中，异姓少艾也不少，有慕名而来的，有托他谋事的，也有托他领导参观的，平均计算每天总有二三人。他有昆仲三位，博士居长，两位弟弟均已娶妻生子。他老人家才于去年和某女士在南京结婚，他的年龄已在四十以外了。

外国女律师

当七八年前公共租界之特区法院与临时法院尚未改组时代，名曰"公共租界会审公廨"，即俗呼"新衙门"是也。当初审判制度为中外会审制，吾国律师能出庭辩护者殊寥若晨星。那时偶兴讼端，都请外籍律师辩护，而美国雷声布女博士亦在广东路组设事务所，行使其律师职务，此为外籍女律师中的第一人。

大包作头和小包作头

在海上建筑一批房屋或几座洋房，先与大包作头（即营造厂主人）接洽妥当签订合同（即契约）后，即由该作头一手包办，建筑人无庸顾问。其他如油漆匠、泥水匠、铜匠、铁匠以及玻璃、砖瓦、钢骨水泥等等，都由大包作头自己分包与各小包作头，实行分工办法。故工程繁，工作很快，建筑人只须到了约期，按照合同所载验收房屋。倘使建筑不符或超过限期，也由大包作头负完全的责任。

粪夫之双料利益

上海滩上，不论那一种物件均可换易金钱，最没用的如破玻璃、碎布头、旧报纸、蜡烛油等，一概有人来收买，甚至肉骨头、乱头发也可换物。只有"造粪机器"造出来的粪，不但天天双手恭而敬之的完全奉送于粪夫，而粪夫每逢月底和四时八节还要挨家逐户讨取酒钱呢！粪夫的职业，虽为"臭生意"，而所得的双料利益实在是不少，任何职业远不及他，故沪市中由粪夫起家的已有多人。

现下建筑的新式房屋，都筑有抽水马桶的。倘使再过二三十年，全市的房屋一律改造了，均备有抽水马桶了，然后粪夫的大利才宣告破产哩！

生意和尚讨老婆

和尚只有禅门和尚与沙门和尚，从未有过什么生意和尚，况且既做了和尚，早已六根清净，五蕴皆空，那有讨老婆、养儿子的道理呢？海上有一种僧侣，他们召集了同类十多人，租屋一二间，既无庙宇也无佛像，专门挽托熟识者介绍信佛人家去念经拜忏。他们和俗家一样，也娶老婆，也养儿子。作者前居唐家弄协志里时，适见对户光头僧侣辈出出进进，厥状甚忙，且有妇女在内。异而趋询其仆役，仆道："吾们是生意和尚，自己不修道，专替人家念佛，并且也照寻常娶妻生子呢！"

今年北河南路有一个龙图阁庙，因犯烟案被当局派探搜查，同时发现很多的少妇，这班少妇想也是光头的老婆了。

电　车

电车在马路上行驶，差不多已有三十多年了。起初的路线很少，只有一路和三路（即行驶靶子场到静安寺，东新桥到麦根路两线）。创始当口，所雇的开车夫训练未熟，毛手毛脚，因此电车肇祸时时发生。一般居民也少见多怪，相惊伯有，都不约而同地说道："趁电车身畔不可携带铜钱用品，以防触电危险。"等到风行了几年，这种幼稚的思想才算消灭。

后来法租界、华界都陆续铺设路轨，相继行驶。公共租界方面，除有轨电车外还有一种无轨电车，最初行驶只天后宫桥到郑家木桥一段，每客只取铜元两枚。电车分头等、三等两级，没有二等者，不知是何取义。

到了现在，人们已视电车为交通上利器，不论怎样荒凉僻静地方，只要有了电车通达，市面就会慢慢儿兴旺起来，荒僻区域即可一变为人烟稠密之地。

西人眼光远大，用大资本来做零碎生意。吾国短视的资本家都讪笑西人是傻瓜，以谓集了巨大的资本不去做大买卖，情愿做这种几只铜板的生意,岂不可惜?不知电车事业一经发达,永久立于不败地位,车价也可随时增加。生意虽说零碎,然积少成多,获利又很大。从前公共租界的电车收入每天不满一万元,现在已达到三万元以上了。

大家当心点

当电车和公共汽车乘客拥挤的时候,卖票人有时直着喉咙嚷道:"大家当心点啊……"他嚷这句话虽不显明,其实就是叫乘客留心扒儿手光顾的意思。因为电车、汽车挤轧的时候,扒手就会乘机施行其敏捷快速的偷窃伎俩,更能使乘客不知不觉中失掉钱袋、时表等物。等到察觉,扒手儿早已鸿飞冥冥,不知去向了。据说在车子上行窃的扒手,他们也分段行窃,各守疆界,毫不混乱,且每天分早、午、晚三个时期,执行他的无本生意。

东洋车

最初马路上行驶的人力车都仿日本构造,车身很高,双轮用铁皮包镶,行路时隆隆作响。因为系日本式,故沪谚呼叫"东洋车"。后来黄包车产生(因车身是黄色,故名黄包车),车身比较低矮,人坐其中较为妥适,车轮用橡胶胎做成,行时声浪很低,起初都为有产阶级购作包车,故有"包车"之名。等到此种车子盛行后,原有旧式的铁轮东洋车,就逐渐归于天然的淘汰。

野鸡包车

通行马路上的人力车,计有两种:一种是车公司出租于苦力的,俗呼"黄包车";一种是人家自己置备,雇用车夫拉的,叫"包车"。另外还有一种车子,是拉车人自己置备,兜揽客人生意的,这叫做"野鸡包车"。因为既不是包车与黄包车,只好加上"野鸡"两字了。

人们要雇用野鸡包车,或以月算,或以钟点算,都无不可,均先向他们讲定,或仅如黄包车的临时雇用一回也可以。

脚踏黄包车

小车和黄包车都属于人力车一类,还有前几年市上发现一种脚踏黄包车,形式比较普通黄包车低矮,车厢前面装置两车轮,上有座位,车夫高坐其上用双脚踏之,驶行很速。又因车厢低矮,人坐厢中很觉适意,但是车夫方面极为吃力,不如普通黄包车用手挽拉者可以借力。因此此项车辆驶行不多时,即归消灭,今仅偶一见之,为数已很少了。

黄包车广告

年来广告事业日新月异,常常有匪夷所思的新发明。至车辆上的广告,火车、电车和公共汽车施行已久,已为司空见惯之事。去年某某广告公司创办黄包车上广告,在车帐后面缀有纵数寸、横数尺之玄布一条,用白粉写之,颇为别致,又极显明。但一般商家多谓这种广告虽很触目,惟缺点在于车行过快,如走马看花,不易收相当效力,大都不愿登载。故黄包车广告自起初至消灭只半年许,今也成为过去的陈迹了。

不准两人坐车

公共租界与华界地方,如两个男子或两个女子合坐一辆人力车,可以安然通过,警吏不来干涉。惟法租界定章不准两人坐车,倘使冒冒失失的坐上,巡捕就要上前阻止,立刻驱逐下来。如果稍一游移,就拘到捕房里,处车夫以违警之罪。本年法租界东新桥街,越捕某甲干涉两女坐车,酿成一件开枪杀人的惨案,也是这个起因。

人力车夫苦恼

沪上的人力车夫,据最近调查,包括黄包车、小车在内,共有二万七千多人。考其籍贯,都属于江北之盐城、高邮、南通、靖江、崇明各县为多。工作的艰难、生活的困苦,为各业工人所无,全靠两手用力,两脚奔波,缺一不能。所得的微利,以维持其苦生命。前听某医生说:"不论年壮力强的车夫,倘继续十年的拉车生活,没有不发生肺病和冒血而亡。"因为天天在路上奔波,心肺早已震荡得非常厉害,故肺病和冒血也是当然之事。

车夫向车公司租车,又不能直接去接洽,须经过大小包工人之手，一转移间，租价就激增起来，现在每天须洋十三角有零。逢到大风大雨，乘客稀少，生意清淡，挣不到十三角以上，不特不能维持生计，一天就白白牺牲。假使租价不清，还要受车公司的辱骂和殴打。这种非人的生活，无怪社会主义家要提倡不坐人力车了。

可恶的车夫

拉车子的车夫全靠两脚奔波，自食其力，实在是劳苦极了。抱人道主义的慈善君子，深表怜惜。但是善良的车夫固可怜惜，而狡狯的车夫实在可恶呢！常有一班狡狯的，口里先含着铜质小银币，等到客人付给车资后，他将真银币藏过，吐出假银币来，硬逼着客人调换。不调换则揎袖攘臂，呶呶不休，你想可恶不可恶呢？故老上海人在那付给车资时候，当面嘱他看过优劣，要调就调，他才无法施行狡狯伎俩。

电 影

中国的电影剧，现在总算发达极了，不过比较欧美各国，还在幼稚时代。电影公司现在已有十几家，电影院也有三四十处，且从无声剧进而为有声剧，骎骎然有打倒平剧及其它戏剧之势。

但是回顾二十年前的电影，只有外国剧。最初，作者在福州路青莲阁茶馆对门一家范围极小的影戏院里去过一回，每张戏券只售铜圆十枚，顾客都是短衣跣足的下层民众。以后每到夏天，泥城桥外有演露天电影者，每位只取小洋一毛。那时候所映的都是外国侦探长片子，一本影片必接续连映至十多天或二十多天，才告完结。

后来苏石痴在法租界吉祥街（现在中国影戏院地址）开设民兴新剧社，因欲加增观众兴味起见，每晚新剧完毕，加映中国电影二三幕，此为中国电影剧发现之始。不过那时间吾国并无电影公司，都请外国公司代替拍摄，扮演人物就是民兴社的演员。

到了民国七八年间，张石川创办明星公司、但杜宇创办上海公司，才有自摄的电影开映。明星的《孤儿救祖记》、上海的《古井重波记》两片，很受观众所称誉。《救祖记》的主角是王汉伦，《重波记》的主角是傅文豪，今王已改业，傅已隐居，在银幕上不能再见王、傅两女士的色相了。

一说明星开映《救祖记》前还有一本《张欣生》影片最先开映（《张欣生》即弑父惨事），究竟孰先孰后，已记忆不清。

舶来品的有声电影开映迄今，差不多已有五六年了。中国电影公司起初因资本薄弱，人材不够，不敢贸然拍摄，只好眼看外商赚钱。直到去年，才有天一公司开摄慕维通有声影片，明星公司也继之而起，名称"四达通"。不过收音等人材，起初都聘请西人担任，现在才有华人自己收音。

明星公司在未曾拍摄片上发音之前，先用蜡盘收音（仿留声机办法）拍摄《歌女红牡丹》、《如此天堂》等片。惟因蜡盘收音之故，发出来的声浪和剧中人动作往往有脱落参差之弊（友联公司也仿效明星蜡盘收音摄过一本《虞美人》片）。

两年以前，还有海宁路一家新爱伦影戏院门口，钉着一块白布横招，大书"本院开映第一发明国产有声影片"。起初开映时候,居然能哄动一时,座客常满。其实一究它们内幕,所谓国产有声影片者,非是蜡盘收音,也非慕维通、四达通等片上发音,却是一人躲在幕后,依照演员动作怪声怪气地乱叫一阵,某报斥为鬼腔鬼调,仿佛相近。吾说:"能想得出新花样,占先一着,总算是他们的小聪明。"后来这鬼腔鬼调已戳穿了,观客都裹足不往,他们才歇手。

现在电影公司虽有十几家,可是最著名的,只有明星、天一、联华三家而已。

各公司的出品都标着"国产"两字,实则影片中一切原料和演员的化妆品大半是舶来品,每年漏出的金钱实在不少。"国产"云云,仅男女演员的本身确是中国的出产品。不过处在生产落后的中国,要叫电影公司改买国货原料,在势也有所不能罢。

电影虽是娱乐品,也是社会教育之一。选取剧材,编辑剧本,须加以审慎,不可忽略从事。譬如有一本良好电影开映,在观众方面,多少总可得到一点益处。倘使无价值的电影,又必予观众得到恶劣的印象。征之前年阎瑞生谋杀莲英的惨剧观之,实为不虚,因阎瑞生的一切举动,都得自外国恶劣片子的影响。

吾国的地位是次殖民的地位,在理应多编些兴奋民族性和改良社会的作品,警策观众,借此以唤起垂死之国魂。奈影片公司多不注意于此,一味利用社会的弱点,专编不是神怪剧便是爱情片。试问这种片子适合社会教育么?能警策观众么?

公司老板但求片子的卖钱,其它都不顾及,因此在某一时期盛行过一种荒诞不经的武侠片子,实则专以驾雾腾云、互斗法术为事,而于真正"武侠"两字也离题千丈了。又试问这种片子,究于社会教育有丝毫的益处吗？

　　现在这种荒诞不经的片子已慢慢落伍，总算电影前途的好现象。不过新出的片子，仍多描写男女两性之事为主，如果要看兴奋民族性和改良社会的作品，仍旧是很少。

杂　耍

　　杂耍一类的玩艺，向来不登大雅之堂。自从游戏场盛行以来，杂耍的地位就慢慢地提高起来，到如今，已和舞台剧、电影剧隐然有鼎足而立之势。

　　杂耍的种类，如大鼓、宣卷、口技、提线戏、独脚戏、双簧、魔术、苏滩、本滩、搭腔戏、搭头戏、宁波戏、打棚戏等种种分别，真是五花八门，花样繁多。且苏滩中又分昆腔苏滩、化装苏滩、便衣苏滩之别，魔术中也有新、旧和大套、小套之分。业此者，更顺着潮流的变迁一项一项地随时加出来，实在记不胜记。

露天舞台

　　爱多亚路一带地方，每到夕阳将下和日落黄昏之际，常有衣衫褴褛、烟容满面的仁兄，先用粉笔在水门汀上满涂着飞白大字的台名及剧目，复加以不二不三的化装，就可开始唱戏了。嘴里一只破喉咙，哼着不三不四的腔调，如"一天过了又一天，心中好比滚油煎"、"孤王酒醉桃花宫，韩素梅生来好貌容"、"欺寡人"等《文昭关》、《斩黄袍》、《逍遥津》一类的戏词。围拢来的听客以下层民众为多,等到一曲唱罢,再打躬作揖地乞求听客随意给钱。得钱后,如听客不走散,再来一个也是常有的,亦有暂时闭幕,停歇再来演唱。这种顽意就叫"露天舞台"。

露天旅馆

一班穷朋友们,到了炎天暑热时代,因他府上只有一间鸽棚式的卧房,杂居四五人、七八人或十多人,夜间实在不能睡眠,往往挟了一条草席,在那马路旁边水门汀上当众露宿。有独自睡的,有二三人合睡的,也有携了儿女同睡的,凉风习习,快活非凡。这种露天旅馆,到了夏天竟至到处皆是,随地可以瞧见。不过做露天旅馆的旅客,身体强壮的还不要紧,体质衰弱的只贪一时凉快,到了夏去秋来,一场温病结果了穷性命的也很多很多,岂不十分可悯么?

夜花园

从前游戏场尚未创设时代,每到暑夏,必有夜花园之产生,地点在那徐家汇路康脑脱路一带荒凉区域。园里面的组织极简陋,不过架木作柱,支席作顶罢了。园中的顽艺,也只有新剧戏法和几种杂耍而已,售卖的东西倒反很多,如汽水呀、糖果呀、啤酒呀、白兰地呀、色白大菜呀,莫不应有尽有。每夜开放时间,从夜午一点钟起到天亮为止。一般时髦的男女朋友,居然相与偕来,情话连绵,快乐陶陶。更有狎客荡妇、旷夫怨女,借避暑为名义,实行其桑间濮上的勾当,藉蔓草为战场,互相比赛,为数也不少。等到暑去秋来,乐极悲生,一场伤寒,就此结果了性命,同作屈死鬼,岂不可叹!后来游戏场崛起后,这种夜花园方才淘汰尽净,然几年来的害人数量已不在少数了。

打倒狮子金刚

从前人们所用的牙粉,除了土制的乌贼骨屑外,大多数统用日本出品的狮子牌和金刚石牌几种。牙粉虽属小品,而需用很广,日本人却用全力来经营,每年贸易总额要达千万元左右。年年利权外溢,不可计算。

杭县陈蝶仙先生(别署"天虚我生")有鉴于此,在那十五年前组织家庭工业社于西门内静修路,发售无敌牌(取天下无敌之意,商标上绘以彩蝶,语含双关)擦面牙粉。起初开办时规模很小,雇用少数工人,陈先生自充技师,夫人、公子、女公子辈充任男女工和助手,勤勤挚挚,自强不息。明年适逢"五四"一役,民众群起抵制劣货,购求国产,而无敌牌牙粉的荣誉就此蒸蒸日上,一日千里。

牙粉以碳酸镁为主要原料,此货又产于日本,且价值很贵,陈先生又自行制造,不受他国居奇操纵,而无敌牌牙粉却为纯粹的精良国货,它的声誉就此日增月盛,全国皆知,向来用惯狮子、金刚者也都改用无敌牌牙粉了。

家庭工业社从几千元小资本做起,今已扩充到数十万元了;从三四种牙粉做起,今已扩充各种化妆品和药品到数百种了。

向来横行市上的狮子、金刚早在打倒之列，更可知空口乱嚷"打倒打倒"是无益的，没用的，必要想出一种实业来救国，才可以达到打倒的目的。

各业最多地点

海上各种商店，不知怎样，都有聚集在那一块地方的，如石路之南是衣庄店，石路之北是桂圆店，咸瓜街是药材行和参茸店，九江路中段是民信局，十六铺口和老闸桥堍是鲜果行，正丰街是戏衣店及伶人所用的家伙店，宝善街是鞋袜店、笺扇店，望平街之北是帽子店，棋盘街和福州路是书坊店与笔墨店，三茅阁桥是呢绒店，北京路和黄浦滩是银行，宁波路和天津路是钱庄，十六铺南和新闸桥是米行，十六铺外滩是木行，南京路是钟表店和银楼，昼锦里是化妆品店，小花园是女鞋店，南市豫园是象牙店，民国路是海味行和水烟行，小东门是鲜鱼行，南市里马路是陶器店，北四川路和霞飞路是西服店，北京路是西式木器店和旧货店，二马路是颜料店，抛球场和小东门新北门是皮货店，天潼路是蛋行。

天禄之推潭仆远

市上各店铺之青龙招牌和堂匾均用四字为多，最普通的如酒店必书"太白遗风"，绸缎店必书"黼黻文章"，镶牙店、银器店必书"巧夺天工"，纸货店必书"蔡侯遗风"，酱园店必书"鼎鼐调和"等等。望文生义，使人看了匾字即知为那一种商店。惟浙江路天禄茶食店内，悬一横匾曰"推潭仆远"，且为已故行政院院长、鼎鼎大名的书家谭延闿题写。这四个字的来历，未经说穿，一般新学家往往要搔首踟蹰，莫名其妙。

其实此四字的来历，出在《汉书》上，它的意思是甘美酒食之意。但天禄只卖茶食糖果，并不卖酒，于义也觉牵强。不过出于大政治家、大书家的大手笔，只好赞扬他题得深奥确切了。

饭店弄堂

九江路（俗称"二马路"）外国坟山附近有一条弄堂，一面通南京路。这条弄里一共只有三、四十家铺面，而饭店却占去十多家，且一律都叫"正兴馆"，不过加上一个"老"字、或"真"字、或"起首老店"等区别，招牌上必有一大"饭"字，是表明他们专做吃饭生意的。所定菜价，比较别家便宜，又用小洋和钱码计算。他们的菜肴，如炒圈子、炒秃肺和咸菜烧小黄鱼、竹笋炖咸鲜肉是最著名的。一般经济朋友因为价廉物美，都趋之若鹜，而"饭店弄堂"也因此大大的出名了。

现因该处翻造房屋改建大陆商场，故今饭店弄堂已消灭于乌有，仅为历史上的陈迹而已。

荠头店

苏锡人开设的荠头店（也有非苏锡人开的，不过很少），每条路上总有一二家,他们的职务是介绍男女佣工到人家去做工。女佣中如烧饭娘姨(沪谚呼女佣曰娘姨)。梳头佣、奶妈、小大(大字读若度)姐(即未成年之童工),男佣中如烧饭司务、出店。不过事实上介绍女佣为多,男佣则很少,不过应个景儿罢了。

他们的铺前都标着某姓荐头店的招牌(如张荐头、李荐头、王荐头之类),也有不标某荐头而书"男女佣役介绍所"的,旁边并有八个小字:"至亲好友,无保不荐。"但是佣工的保人不须现洋担保和铺保,都是工人自己甲保证乙、乙保证丙的口头担保而已。

人们要雇佣工,先到荐头店去关照需要那一项工人,他们就会送到。送到当口,先给荐头车资二百文(也有给小洋一毛或两毛者,普通以二百文为多),试用三天后,荐头再来接洽。倘使双方合意,然后面议工资,作为定局。譬如每月工资五块钱,工人方面给二成洋十角,主人方面给三成洋十五角与荐头以作介绍之费。此后或做工几年,或只做几月,都和荐头不涉;惟工役犯了窃盗等情,那荐头须负责料理。倘使送来的工人彼此不合意,未到三天即可掉头而去,只给予几个钱即算完事。

开设荐头店的老板,大多数是一夫一妻,故叫荐头店为"夫妻店"也于义相通。

店员之三副面孔

开了商店,全靠买客来交易,才可生财,才可支持,从无一家店铺没有买客上门可以获利而持久。商店老板雇用店员,是专门招待买客为职责的,故买客实为店主、店员的衣食根基。倘使一家店铺天天买客稀少,生意清淡,结果不是关门定是破产。

店主、店员和买客的关系如此其重要,在理店员先生对付买客,不论大小生意应一律和颜悦色,竭诚招待,才可问心无愧,尽其天职。不料现在的店员,对付买客却分出三副面孔。那三副呢?第一是晚爷面孔,第二是轻薄面孔,第三是谄媚面孔。如对于乡下人或衣服朴素之辈,却似理非理,装出一副十足式的晚爷面孔来。他们以为乡农和穷人都是起码户头,有不屑招待之意。实则衣服朴素不见得尽是穷人,乡农也有大买客在内,那可以皮相取人呢?

第二对于花枝招展、衣饰华美的女客们,他们才一变其晚爷态度,两只老鼠眼式的眼睛笑眯眯的有问必答,有言必尽,甚有扯谈乱道,嘻嘻哈哈,手舞足蹈起来,此非轻薄而何?

第三对于衣服华丽、仆从如云的漂亮大老板或大绅士,他们又打躬作揖,掇臀捧屁,无微不至了,这种行为非谄媚而何?

还有对于普通买客,或拣选不对,或论价不合,因此未能成交,临走的当口,他们必扳起面孔白眼相加,甚有暗骂"屈死猪猡",撮口作"嘘嘘"之声以逐之。店员先生的变态如此,所谓一店的主人翁和大经理又垂帘高拱,大搭其臭架子,而不暇注意和矫正了。

上面所说的店员先生虽不是家家如此,倘使严格的调查起来,倒不在少数呢!

试看东邻的矮子商店对待买客,何等谦和?不论大小主客都一律看待,因为今天确是小主顾,下次变了大主顾也未可知。

买主上门拣选货色不论怎样繁多，结果仍旧一文不交易，他们依然和颜悦色，殷勤送别。作者非敢炫人之长，暴己之短，因欲一般侮慢买主、惯使晚爷面孔的店员先生作为一种攻错的改善、观摩的标准。

理发店门前之三色棍

市上各理发店门口，必装置短而圆的三色棍，有一根的，也有两根的（分左右排列）；有呆板不动的，也有中燃电火如风车般旋转不停地。这个东西究竟是什么用意？问问理发师，都说"市招"。其实此三色棍，倒有很深远的历史。

当租界初辟未久，法国人首先开设理发所，专替法人剪发修面。因法国习尚侈丽，竞事装饰，故法国人的理发所开设独早。他们特在门口装置一两根三色棍，是代表法兰西的国旗所用。等到民国肇建，人们都除去发辫从事剪发，而各理发店的装饰也焕然一新，触人眼帘的三色棍亦家家装置，已和剪发用的刀刷、店门口的玻璃窗一样的重要了。

不过现处"党国"时代，应将三色棍改为青白棍才觉相宜。可是理发店里老板囿于见识，仍旧一律用三色，未免太觉有些法国化。

砂锅馄饨

五年以前，爱多亚路有一家大中楼菜馆首先发明了一种砂锅馄饨。刚出世时生意却很好,楼上楼下,天天有客满之盛。后来同业中瞧得眼红,就纷纷仿效起来,又加上了许多佳名,如凤凰馄饨、鸳鸯馄饨、神仙馄饨之类。砂锅馄饨究竟是一样什么东西呢?是裹好了元宝式的大馄饨,用鸡和鸭双拼而成,放入一只砂锅内。起初的当口生意是好极了,大有应接不暇之势,因为上海人向有一窝蜂的心理,只消一人提倡得法,包管你声气相通,如潮而来。

后来上海人的胃口吃腻了,对于当初竭力欢迎的砂锅大馄饨就此唾弃不食,如秋扇之见捐。菜馆老板知道风头已过,也就此偃旗息鼓,不再出卖了。

菜 饭

六七年前,六马路同春坊弄里一家灶披中开了一爿菜饭店,门口用红纸写"杨记"两字,代表他的店号。店主人确为杨姓,是苏州人。菜饭原料,用青菜、猪油混合煮成,又香又鲜,外加交头,每碗只售小洋两毛。起初的交头不过排骨、排四、四喜、脚爪几种,因为价廉物美,生意很好。

后来这种店铺越开越多,且都正式租屋开张,装潢也很华丽。菜饭的交头也添了不少,如红鸡、酥鸭、酱蛋、双拼(如一块排骨、一个酱蛋之类)等等又有几家每碗菜饭附送清汤一碗,故一般经济朋友都趋之若鹜。

现下同春坊房屋早已翻造了,最初发明菜饭的杨姓朋友不知乔迁到那里去了,小小一种生意也不免使人兴沧桑之感。

天天大廉价

市上有一种商店,常年雇着一班音乐队砰砰彭彭的乱敲乱吹,并且贴着很多触目的红绿纸条,大书"大廉价"、"大减价",也有写着"十周纪念"、"五周纪念"和"关店拍卖底货"、"不顾血本"、"非常大廉价"等种种动听标语。其实他们的宝号开创到今,还不满一两年辰光,那有五周、十周的纪念呢?又一面嚷着关店拍卖底货,实则他们的宝货都从后门运进来,故天天说关店拍卖,可是天天做着好生意,而且这爿宝店也永远不会关门的。况且他们一年三百六十日天天举行大廉价,天天雇着鼓吹手,平空加添了一笔开支,你想这种廉价宝货还有平沽的诚意么?

接方送药、代客煎药

自从徐重道国药号创办接方送药和代客煎药后,一般在客旅中的患病人都感着不少方便。譬如看了病,开好药方,不需自己到药铺去购药,只要打一个电话,他们就马上派人来拿取药方,配好药剂仍旧送来,只给药价,不另取资。倘使叫他代煎,只取煎费一角,煎好后装入热水瓶里,派人骑脚踏车送到,可谓便当之至。不过徐重道创办此种新章程后,继起者已有多家,惟牌子最老的蔡同德、童涵春、胡庆余等还未实行。

兑换铜圆

各烟纸店除出卖烟纸杂货外,而兑换一项,也是它们的主要营业。且转辗之间所得的盈余比较烟纸来得多，故一店生意的盛衰全靠兑换的多寡而定。

有些不道德的店铺，暗中专门收进新辅币（即银少铜多的新角子）和劣辅币，陆续搭出，这个赚头就大有可观了，因为新辅币一块钱能换三四十枚。他们只知道非法的赚钱，害人与不害人都置之脑后了。

还有一种地近电车、公共汽车站的烟纸店，他们的市牌上明明标着双角（即四开辅币）换铜元五十枚。他们瞧见你急匆匆去兑换，就暗中扣去数枚，等到跨上车子数一数，只有四十七八枚，或仅有四十五六枚也是常有的事。你如要和它找补，而如飞的车子已驶去不少路程，更且中途也没法跳下，只好隐忍吃亏。故老上海人在铜元到手之后，不慌不忙的数一数，如有短少当场找补，才免吃亏。

烟纸店的兑价

市上各家烟纸店对于兑换的价格，大都各自为政，参差不一，从未有一家相同者。最小和最多的，常有相差到三四十文或五六十文不等。譬如甲店挂牌每元兑换铜圆二千七百文，乙店可兑二千七百三十文，丙店又可兑二千七百五十文，诸如此类早已相沿成风。其他如小银元换铜圆，或大银元换辅币，都是如此。逢到节边或年关相近，其兑价更忽然降低至百文以上。开岁五天之中，更不挂兑牌，人们前往兑换，他们必随意减小，兑换人只好大吃其亏，也没法和他争论。

同业嫉妒

同业嫉妒，各各排挤，也是吾国商人的恶习和小器。从前线袜还未盛行时代，广东路（即宝善街）上为出卖竹布袜的集中地。那时有两家同招牌的宏茂昌，为了一块招牌彼此兴讼，大打其无聊官司，更大家请准官厅给示谕禁，不许他人仿冒。不过两家都有官厅的煌煌告示，又都说一百多年的老店，店门口还挂着半块破招牌，表示他老店的铁证。但是究竟那一家是老店，那一家是假冒，吾们局外人实在莫明其妙，只好说一声"天晓得"。

其实只要货色好、定价廉、招呼周到，久而久之，主客自会上门，生意自然兴隆，何必一定要在"宏茂昌"三个字上奋斗。如果你们货色好。定价廉，招牌改为"宏茂昌"、"锦茂昌"、"宏茂大"，都不要紧。然而它们概不计及，情愿将雪白大洋钿往官厅里送，真是何苦！

后来等到线袜盛行后，布袜渐渐落伍，这两家宏茂昌的煌煌告示和挂在门口的半块破招牌方才撤去。

既属同业，宜大家互相维护才是正理，即使有竞争，须着重在货色与招待两方面注意。倘不此之图，专斤斤那一块死招牌上用功夫，适足表暴自己的弱点和无意识。

小儿回春丹

慈溪徐某在广州地方开设一家敬修堂药铺，并制合一种小儿回春丹，据说能医小儿百病的。起初委托南京路抛球场老方九霞银楼寄售,后来全市的大小银楼都有寄售了,铺前贴有纸条,上写"本楼寄售敬修堂小儿回春丹"字样。

徐某系慈溪人,开设银楼的主人翁和经理先生也多慈溪人,有此一层渊源,故各铺也乐于寄售。现在人们要购回春丹都向各银楼去买,而各药材店里专备的回春丹反少主顾去交易。

华成公司之股票

华成烟草公司成立在"五四"以前,创办之初规模很小,资本也有限,每股票面只洋念元。当时竭力怂恿各烟纸店认销,该公司立意:倘烟纸店老板和经理购得华成股票后,必肯竭力推销该公司的出品,实为法良意美之举。等到"五四"一役,民众方面群起抵制外货,因此华成出品的美丽牌、金鼠牌卷烟一日千里,日增月盛,十余年来已获利无算,大有打倒英美(英美烟公司)、抗衡南洋之势。到了现在,每股念元之股票票价已涨到一二千元左右还无处购买,其营业的发达、基础的稳固,为其他烟草公司所望尘不及。

达仁堂的死算盘

普通商店所用计核银钱的算盘,大都是活动的,可以移来移去,只有南京路望平街口乐家老铺京都达仁堂药店所用算盘,系嵌入柜台上面不能移动的,此可谓特别算盘了。该店由北平分此,据说那边商家都用此种死算盘。作者虽曾两次北上,惜匆促间未曾留意,是否如此,还待证实。

保　险

保险事业也是现下最发达的生意，其中名目很多，如保火险、保水险、保人寿险、保货栈险、保汽车险、保意外险，至今年又有人举办保玻璃险（即保各大商铺之玻璃窗险）。现在名目虽多，比较欧美各国有保喉险（即保唱戏唱歌者）、保手险（即保打字为业者）、保脚险（即保跳舞者）还相差甚远。保险业创自泰西，故从前营保险业者多为西人，利权外溢，不可胜数。近年以来，华商方面鉴于利权之损失，才相继创设保险公司，与外人努力地竞争了。

人蜡烛

商店里的伙友们，每年到了暑热时间，欢喜赤了膊站在柜台里面，或应酬主客，或和人谈话，怡然自得，不改其乐，对于女顾客们，他也老不回避，照常接待，因此西人讥笑赤膊伙友为"人蜡烛"，实有侮辱意味。但是平心而谈，无论怎样酷热，一件半袖汗衫总可以穿着，何必一定要赤膊露体，遭人讥笑呢？作者很盼望今后的伙计先生（不赤膊者除外），大家自重一点罢！不要再蹈以前的恶习惯，免得外人挑眼儿。

男女翻戏

翻戏（即翻门槛）的手段，真高明之极了。不论推牌九、掷骰子、扑克、麻雀和一切赌博，他们都有绝大的手术、圆活的交际，能使你不知不觉中，情情愿愿，大输大败。这种翻戏，无论男女专讲修饰，衣帽又漂亮，袋内也麦克麦克。初见时候，意为必贵介公子和闺阁名媛，故能在社会上诱惑意志薄弱、经验不足的洋盘和阿木林（沪谚曰门槛不精之人）相与聚赌，以攫取人们的金钱为他们的衣食饭碗。间有门槛极精的人也会上当，因为翻戏的手段高妙，被他迷住了心灵，一时也瞧不破黑幕中的玄机。

上面所说的翻戏，只从赌博方面着手，还有从女色和其它种种事情都可翻你一翻。它们又因人而施，并不指定赌博两字，不过赌博比较的容易使人人彀罢了。

翻戏又有大小两种，大的做大勾当，小的做小把戏，大的几万块、几千块的进益，小的几百块、几十块的都要。他们满布着天罗地网，引人上钓，以遂他害人利己的目的。

倒棺材

这个倒棺材，并非现在北方流行的挖掘古墓惨剧，是一类诈欺的赌博（也是翻戏一流）。他们的生财器具，只有一只活动式的小板桌，一条毛巾，一个雕空小木盒，两块梅花和人牌，显出一黑一红的颜色；他们又熟练好的手技，在那桌面上翻来覆去，很为纯熟。开场时候，先由同党伪充赌客下注，一般瘟生寿头阿木林走过这边，瞧见只有梅花和人牌两门，又见假赌客赢钱很容易，一颗贪心怦然而动，再经旁边的假赌客撺掇，于是加入下注。

下注时清清爽爽看他摆进去是一只人牌，不料开出来已变了梅花，就此越输越僵，必至囊中所有的金钱尽入他们之手而后已。更有输完了现款再向假赌客借本下注以图背城一战，岂知结果仍旧扑了一个大空，而所借之债，他们又如狼似虎的凶狠，立逼你还他。末了，非将身上穿的、头上戴的，一箍脑儿送给他不可。这类把戏就是"倒棺材"。更有不用牌具，用两根竹爿，一端漆红色一端漆黑色，作为替代梅花和人牌之用。此等诈欺取财的赌博，现在内地各城镇也时有发现，这是他们出码头放生意呢！

跑老虎当

市面上靠跑老虎当混饭的人也有好几百，他们的目的专向旧货摊上、各小押店收买各种衣服首饰、珠钻宝石。买来后，改造一次，修饰一回，然后分遣徒党到各大典当去当钱，朝奉先生偶然失察，就要吃他们的亏。譬如有一样东西卖价只值五块钱，进了典当反当了六七块，这岂不是当价超过于卖价么？

他们当了以后，还将质券交同行（即出卖质券人），又可增加一些进账。贪便宜辈买了质券，加利去赎出，这个亏就移到贪便宜的身上。但是一经赎出，瞧着不对，乃要照原价当进去，那朝奉先生已不能奉命了。

到了现在，西洋镜已经拆穿，当里的朝奉很不易受愚，贪便宜买质券的人也愈弄愈少，因此跑老虎当者收进易，脱手难，故混这碗饭的人目下已不如从前的多了。

倒冷饭

上海各商店的膳食，因图简便起见，大都向包饭作预定，每日三餐按时挑送。等到收取空碗时候，早有一群叫化伺立门前，倒取剩饭残肴，名曰"倒冷饭"。收碗的朋友不敢和他争论，听凭各叫化蜂拥而来，翻桶（饭桶）倒碗而去，因为丐徒只取余沥果腹，例所不禁。并闻丐徒也有一老丐统率，他们均尊为爷叔，而且分段实行，各守疆界，绝不侵犯。他们也有规矩，只准倒取已食后的残馀，不准强取未食时的饭菜。倘使误犯了，爷叔老子就要用丐法（老丐自定的法律）来处治，不稍徇情。每次倒取之物不论多少，先行奉呈爷叔，再由爷叔分派各丐充饥。倘未经过此项手续，一经察出，又要执行他们的丐法了。

小书摊

摆设在墙壁上的小书摊，他们发售的各种小书，都属于《十八摸》、《卖橄榄》、《孟姜女寻夫》、《花名宝卷》和《致富全书》、《房中术》等一类，还有各色连环画。小书上的鲁鱼亥豕，连环画之印刷恶劣，在在不堪寓目，且字句之中也都鄙俚肤浅，似通非通。然而一天到晚，很有主顾前去交易。

不过小书摊上的主顾，大都属于一知半解之辈为多数，程度高一些的民众却少见得很。它们的小书除出售外，还可以向它租看，像现在的小说流通社一样，不过办法有些不同罢了。

水门汀上告状

马路两边的水门汀人行道上,常有自称落难文人,用白粉笔写了许多乞怜话以求路人布施,而且字迹端楷,文理通顺,也有完全写英文字以冀熟悉蟹行文字的朋友和外国人的哀怜。有人说:"既然有了一手好笔墨,拆拆字、写写信也好度日,何必出乖露丑,乞人怜悯呢?"又有人说:"这是他们做生意的一法,那肯弃行不干呢?"

还有预先用白纸一张写好落难的经过和不得已而求乞,希望路过君子哀怜布施,这种告状式的求乞男女都有,更有同了一群小孩跪地哭泣的。这其间真正落魂异乡的人未尝没有,不过是少数而已。

拉一把

人们坐了人力车经过苏州河一带的盆汤弄桥、天后宫桥、老闸桥、垃圾桥,车子刚上桥堍,常有蓬首垢面的乞丐一手握住车杠,口里嚷道:"拉一把。"等到拉到桥面,他就伸开五指索钱,并道:"老板,一只铜板小意思。"唠唠叨叨,絮聒不休,倘不给铜板,他又撅着嘴叽咕而去;如系女流,不给他钱常常破口谩骂,出言污人。他们有壮丐,有小丐,还有女丐,每天早晨七点起至晚上一点止为他们规定的工作时间。

专做外国生意的乞丐

乞丐,沪谚谓之"瘪三"。说到瘪三,他们也分帮乞讨,如沿街募化咧,桥面拉车咧,顶梢乞钱咧,地上告状咧,形形色色,到处可以瞧见的。还有一种乞儿,既不沿街募化,也不桥面拉车,专门鹄立在各大百货公司和各银行门口,瞧见西妇出门,他就立正行了一个深鞠躬礼,口中"密斯"长、"密斯"短一阵唠叨,得了钱始逡巡而去。这种乞儿居然能说几句洋泾浜话,能够在外国人面前用一些儿功夫,倒是一位未来之外交家。呵呵!

赶猪猡

人们在路上行走,常有乞丐跟随后面索钱,絮絮不休。每到夏天,他们都手持一柄破蒲扇,在后面替人扇风,倘不给钱必跟踪不已,沪谚目此辈乞丐为"钉巴"。他们也有隐语,名叫"赶猪猡",每天工作完毕逢到同道中人,互相询问道:"今天赶着几只猪猡?"人们给了钱,还得了一只"猪猡"头衔,岂不可恶么?

杀猪猡

到了冬季时候,必有一班流氓地痞,或三四人合一群,或七八人为一组,手拿着利刃手枪(也有拿假手枪的),在那荒僻冷静地点候着。遇有踽踽独行的人,他们就突然围拢来,将你身上衣服、囊中钱钞一箍脑儿的抢去,只剩了一身单衣,然后纵你回家。倘使不愿被抢,稍予挣扎,他们就毫不客气地使出野蛮手段来,或戳你一刀、放你一枪,甚至死于非命的也有,这就叫做"杀猪猡"。

天气越冷和年关迫近的时候，杀猪猡的凶剧越是发生得多。二、三十年前不但无此类把戏，也无此种名目，但是到了现在已成为司空见惯、无足惊异的惨闻，也是世道日非，荆棘满途的象征。

拿开销

每逢红、白（即喜事、丧事）两事和新店开张之际，近处的游民（他们自称"本街弟兄"）必来讨取喜金和酒资，名目叫"拿开销"。至数目的多寡，没有一定成规，要看做红白事的人家场面大小怎样、店铺范围怎样和给钱人的手面怎样而后定。这种不正当的老规矩沿到今日仍旧不能革掉，倘使一钱不给，他们不但罗唣不休，并且预备种种恶作剧的事来对付，能使你焦头烂额，哭笑都非。

讲斤头

人们或做了一种违犯国法之事（如聚赌、贩土等等），倘使被白相人知道了（白相人即流氓），就要和你过不去，进行他们所谓"讲斤头"生意了。小事情轧到你茶馆里，大事体诱到你旅馆里，双方大开谈判。谈判结果，须拿出大洋钿来开销开销，才可平安无事。倘使当事人挺硬，坚决不肯破费分文，他们最后的对待，不是剥去你衣服必定毒打你一顿，才一哄而散。

赏光券

戏园子里的案目（他们自称"接业"）朋友，每年到了年节边，他们必向熟识的主顾兜销一种"赏光券"，券上的价目比较定价必增多一倍。譬如该园戏价，花楼花厅每位一块钱，赏光券上必增加两块。老主顾情面难却，只好认购若干张。此种风气沿习到今，已历多年。其实什么赏光不赏光，拆穿说之，就是打抽风而已。

海上戏园规矩，人们去听戏大都由案目引导，鲜有自己买票的。如稍有声誉和场面阔绰之人，对于戏资不须现付，只要写明姓氏住址交给案目，过了几天他们自会来收。这样几回一来就认识了。当场不付戏资，便当是很便当，漂亮又很漂亮，不过到了年节边，几张含有抽风式的赏光券就要送进门来，不怕你不答应。

戤牌头

社会上经营一种违法的生意（如烟馆、赌场之类），必有一戤牌头人代替撑腰（又叫"撑头"，即保镖之意）才可平安无事。做撑头人，在社会上必具着相当的潜势力才可担任。否则撑头不硬，哪一天有了事故，弄得坍台和鸭尿臭的也很多哩。

常常听见甲、乙两人相骂起来，甲道"你戤啥人牌头这样吃斗"（沪谚谓凶暴之意）的一句问话。

兜得转与跑得开

吾友瞿绍伊律师说，在上海立脚的人，上中下三等人物都要有相当的交情，做起事来才能够兜得转与跑得开。这句话的确是经验之谈。所说上中下三等人物，像那达官巨绅、社会闻人、律师、医生和警捕侦探及白相人等概须认识几个，偶然触起霉头来，才不致意外吃亏。因为谋食海上，无论如何小心谨慎、安分守法，常有"闭门家里坐，祸从天上来"的是非，到了那时，才知兜得转与跑得开之可贵呢！

绑　匪

前几年绑票刚刚发现时候，只有嵊县一帮，现在差不多已有十几帮，如山东帮、淮扬帮、浦东帮、太湖帮等分别。且大帮之中有中帮，中帮里边分小帮。帮派既多，人数又众，而资产阶级的富翁更觉栗栗危惧，不能安枕了。

据说，大帮的组织十分完备和严密，破案很不容易，报纸登载的已破各绑案都属于中帮、小帮一类。

白相人嫂嫂

社会上有一种妇人，人们暗地里都唤她一声"白相人嫂嫂"。究竟这种妇人是怎样一等人呢？就是能够在社会上兜得转、跑得开，而且又能说话，又能谩骂，又能打架，须具有这几种才能和资格才叫得响一声"白相人嫂嫂"。

有几位女大亨,也摹仿着男闻人的广收女弟子,扩充她的势力和充她的爪牙。

捉蟋蟀

电车厢里和茶馆里边,常见一班穷朋友跑来,弯腰曲背恭恭敬敬的拾取香烟屁股,他们的术语叫作"捉蟋蟀"。拾满了一罐,拿到香烟摊上换钱用,据说勤勤恳恳的每天也有四五角钱利益。这种生意也在三百六十行以外,并且汉口地方,从前有过一个穷朋友专靠捉蟋蟀为生活,省吃俭用,过了二三十年后,居然成了一位富翁。这岂不是"大富在于天,小富在于勤"的一个铁证么?

三光党

这个三光党,并不是日、月、星的三光,是吃光、用光、当光的三光。"光"字的意义,就是完的代名词。这种人既抱了三光宗旨,都不务正业,专门在那诈欺上面用功夫,得了金钱就实行三光,等到完了再去想法,周而复始,循环不绝。可是社会上意志薄弱的男女,一天碰到了三光仁兄结果或至破家荡产、失节丧命也未可知。考查他们的行为,就是变相的拆白党。

顶瓜瓜与硬绷绷

"顶瓜瓜"与"硬绷绷"这两句话,是广东人的口头语。"顶瓜瓜"是表明美好的意思，"硬绷绷"是表明真不二价的意思。因为广东人做生意最喜爽直，说一是一。广东商店的价目又是划一不二，足当"老少无欺"四个字，非若江浙帮和其它的商店，牵丝攀藤，讨价还价。

抛顶宫

人们戴了呢帽或草帽，坐在电车厢里，车窗又开着，每逢车子驶行迟缓时候，头上戴的帽子常常被人抢去，等到察觉，车已驶过一程了，只好付之一叹，个中人叫作"抛顶宫"。以故老门槛人到了车厢里边，先将帽子摘下，拿在手里，他们才无法施行其抢劫伎俩，你也可以保险着太平没事。

买户头

有一种诈欺之徒，常常虚设了某某洋行或某某绸缎店，印好几万张五色缤纷的目录单，又说举行什么开幕纪念，或是扩充营业、推销货色等花言巧语，而且定价又十分廉贱。将许多目录一张张地从邮局寄到各省各埠去，外省人士收到后，误为海上真有这家洋行和这爿绸缎店举行开幕纪念与扩充营业，因为贪图便宜起见，就此汇款邮购。不过款子寄出之后，如石沉大海，永远得不到什么便宜东西和便宜绸缎。过了许久，再托旅沪亲友按址前往调查，但他们虚设的洋行和绸缎店，早已无影无踪不知去向了。

但是说也奇怪，外埠人口的姓氏住址他们怎样能够知道？一经说穿，并不奇怪。因为他们预先向某大药房或某大书局用重金向管理留底簿的职员，秘密叫他抄写一份，然后按址抄寄。这种勾当，他们叫"买户头"。买好了户头，再牺牲一些小费，即可骗到多数金钱，以饱其私囊。现在上当人虽多觉悟，但是中国之大，户头之繁，今天张三上了当，明天又挨着李四倒霉，周而复始，永无尽期。唉！

买烂东西

"买烂东西，买烂东西"（即收买旧货者）的声浪在街头巷尾是天天听得到的。他们挑着一付篮担子，像穿梭般的跑来跑去喊买，不论碎玻璃、破衣服、空料瓶、旧报纸、旧木具、坏钟表以及破铜烂铁，只消价钱便宜，他们都要收买。且一方面买进来，一方面立可卖出去，各有各的销路。这种小经纪人眼睛最凶，门槛极精，常常以少许本钱买进来，停一会儿就可赚到几倍的利益，故人们都叫他一声"旧黑心"。

卖长锭

每月到了废历三十和十四两天晚上，街头巷中常听见"长锭要么，长锭要么"的声浪，像穿梭般的喊叫。卖长锭的人都是相近上海乡间的妇女，也是她们一种副业，自己制造，自己喊卖。至长锭的内容，用锡箔和纸相间制成元宝式样，更用纱线穿缀而成长串,故名"长锭"。又因沪人欢喜迷信,到了三十、十四两夜买一串烧化,它们说,就有半个月的吉利希望。故乡间妇女投人所好,已成为一种固定的副业。

卖性照片

福州路(即四马路)各弄堂口常站着一班老枪式之小贩,鬼头鬼脑的东望望西瞧瞧。路过的人偶然瞪他一眼,他就马上跟上来,轻轻地说:"喂,……先生,阿要买一套最新的春宫玩玩?"你如果存心交易,他就领你到弄堂里,可以看货和讲价钱。有时失了风,被警探捕去惩办,已为常有之事。但是惩办尽管惩办,他们的秘密生意仍旧天天做着呢!

卖 冰

每到酷暑时候,街头巷中常有卖冰的童子手里提着蒲包,装了冰块,边走边喊"阿要买冰呀买冰……"。"买冰"两字喊得非常急促,像是布非切的声音。一般自命道学先生听了他们的叫喊,不是掩耳却走,定要切齿痛恨,以谓这个东西那有沿路喊卖的道理。

卖书画

福州路西头三山会馆墙上,每到夜间,常有卖书画者挂满了堂幅轴对,有书有画,有今人作品,也有古人遗笔,五光十色,使人目迷。且售价很便宜,虚头又很多。若辈不在日间做交易,必到黄昏时候才来开张,这是什么缘故呢? 据说他们的书画都是冒牌赝品,如在青天白日不容易销脱,故必至夜色迷蒙下才出来做交易。现在这个书画摊已没有看见了。

各笺扇店铺都兼营书画生意,每件标明价格,凭客拣选。

卖　经

各里之中,常有人一手拿着小包子边行边喊:"《高王经》要吗","《金刚经》要吗","《大悲咒》要吗","《心经》要吗"。这一项就是卖经的生意。他们都自称佛门弟子,常年茹素不知肉味的,小包子里满贮着一叠黄色纸张,上面又用朱笔点满小圆圈。譬如有十个红圈即算十卷经忏。但究竟是否一卷一卷的念上去,抑或随意乱点,那是无从查考,只有佛门弟子自己知道罢。

捞锡箔灰

"捞锡箔灰"四个字是沪语詈人攫取非法金钱的形容词,岂有真的去捞锡箔灰吗? 不过到了目下,这种事情的的确确实有其事了。沪人凤崇迷信,每到废历十四、三十两天晚上,大都买几串长锭,在门前焚化以示媚鬼求利之意。这两天晚上,必有人手拿小畚箕和小刷帚,沿门乱跑,见有焚化长锭者,火焰未熄,他们就老老实实一箍脑儿的刷进畚箕里去。等到工作完毕,他就集拢来去换钱。鬼用的锡箔灰变了人用的金钱，这就是他们"捞锡箔灰"的特别生财之道。

拾　荒

每天到了黄昏深宵的时候，在那里巷间，常有衣衫肮脏之徒一手执着小玻璃灯，火光如豆；一手执着竹夹，背荷空筐，或在沿途捡取竹头木屑，或在垃圾箱里弯腰曲背，掏寻破布零纸等东西，男女都有。摸得各物，稍事整理，即向旧货摊上换易现金，聊资生活。此种在三百六十行以外的职业，名叫"拾荒"。不过他们的目的，除掉零碎杂物以外，还有希望遗针堕簪和花绿钞票的意外横财呢！

上海人口中之老字

什么"老"、什么"老"已成为上海人的口头禅，今略记数句在下面。如说鬼曰"赤老"，说女人曰"寡老"，说女媪曰"老蟹"，说女媪搔首弄姿曰"老骚"，说妻室曰"老婆"，说熟悉各种门槛曰"老白相"，说男子曰"胡老"，说瞎七搭八曰"老三老四"，说人死曰"谈老三"，称店主人曰"老板"。"老"啊"老"啊已成为上海人的口头禅。

宁波人口中之阿字

宁波人即"阿拉"，"阿拉"即宁波人。这"阿拉"两个字已可代表宁波人了。故宁波人叫起人来，都以"阿"字上前，如"阿哥"、"阿弟"、"阿妹"、"阿大"、"阿二"、"阿三"……都熟极而流，脱口而出。它如"阿拉"长、"阿拉"短、"阿拉舍希"尤为宁波人的口头禅，只消听见某人谈话中夹入"阿拉"两字，就可以知道他是的的括括、十足道地的宁波人。

算　命

　　沿街奔走的算命先生约有两种：一种是半盲半明的男女，手里挟着小锣和弦子，边走边敲边弹。他们因为半盲半明，走路不大方便，故必另有一个扶着同行。一种是手里不拿什么东西的非盲者，边走边喊"算长命……"、"二百钿"。前一种的籍贯各处都有，后一种的都属宁波帮。弹弦子和敲小锣算命，代价比较宁波先生昂贵，每命起码小洋两毛，至少一毛。

　　他们的目的，不在乎区区的算命钱。忖度你是愚鲁一流，他们往往故神其说，妄言今庚流年不利，某月星宿不好，须要当心，如欲转祸为福，必须禳解禳解才可消灾免厄。信口开河地乱说一阵，说得你心里活动了，他们的生意经就此成功。斋斋星宿、禳禳晦气，他们都可一手包办，其代价金必在十元以下或十元以上。

还魂烟

　　在茶馆里、电车上，常有一班衣衫褴褛、跣足短裤的苦同胞，俯着头、弯着腰，做他捉蟋蟀（即拾香烟屁股）工作。拾满了一袋或一罐，卖到烟摊上去。烟摊上收拢来，分别优劣，条分缕晰，重新卷成香烟，分别出售。这种纸烟，俗呼"还魂烟"。

烟摊都摆设在法租界自来火街和染坊弄两处最多。摊主人虽说是做一种生意，却是须用水磨工夫，并且凭着锐利的眼光，分得出烟屁股的优劣，然后制成还魂烟，也是一项废物利用的买卖。

刺　花

市上的老弟兄（即白相人自称），他们的胸口两臂都刺了花，如山水人物、花草果木、飞禽走兽，样样都有。花是青的，肉是白的，刺上了花格外使人耀目。又如做了老弟兄，倘不刺花即要失却他的资格一样，更有白相人嫂嫂也刺上了一些，表示她的尊严。

十几年前，租界当局曾有一次下令大捕刺花弟兄，不论你犯法不犯法，瞧见臂上刺了花，立刻捉到捕房里去。这般老弟兄就此躲的躲、避的避，吓得屁滚尿流。如一时不能躲避的，更访求医生，请他除掉。可是这刺花顽意一经刺上，很不容易的消灭，故此弄得血肉模糊，皮肤绽裂。

其实刺花的事，是船上海员起的头。因为吃海员饭者，不幸逢到祸变溺死大海洋中，等到捞起却都腐烂，不易认识真面目。故预先刺了花，作为亲友家属认识的标准。后来不知怎样就传染到早吃日头夜吃露水的老弟兄那边去，实在有些莫明其妙。

吃讲茶

下层社会中的群众们，双方每逢口角细故发生，必邀集许多朋友到茶馆里去吃讲茶。怎样叫"吃讲茶"呢？就是双方的曲直是非，全凭一张桌子上面去审判。倘结果能和平解决，由一和事老者将红绿茶混合倒入茶杯，奉敬双方的当事人一饮而尽，作为一种调和的表示。更有谈判不能解决，结果或许诉诸武力，以茶馆为战场、坐凳茶碗作武器的也是常有之事。这种吃讲茶的原因以男女间之秘密和金钱的关系为最多数。

各家茶馆都悬着一块"奉谕禁止讲茶"的小木牌，这是茶馆老板预防惹是生非的一种表示罢。然而碰到吃讲茶的朋友来了，这"禁止讲茶"的效力就等于零了。

揩　油

揩油名目，虽为不正当的举动，但是在社会上已经成为普遍的现象。什么叫"揩油"呢？分开来说约有三种：其一，譬如你掏出一块钱叫仆役去买东西，他只买九毛钱的物，暗中赚去一毛，此谓揩油；其二，譬如一人在工作时候，偷偷地出来顽一阵或休息一回，也是揩油；其三，譬如不出代价的得到一张游券和一件东西，也叫揩油。总之揩油者，包括"取巧"、"贪小"、"偷懒"六个字在内。

这个不正当的举动相沿下来，已有很久的历史，如果欲矫正一下也没法矫正。譬如第一项仆役揩油，不论老司务、老妈子以及茶房侍役,他们去买东西老实不客气的都要揩一揩油,才觉心满意足。不过心平的揩得少,心狠的揩得多。你要禁止他们不揩油,除非你件件自己出马,才好革除。否则没有别种方法禁止,只得眼开眼闭的任他去揩了。

储蓄骗

自从储蓄有奖之法施行以后,民众方面不能明了其利弊,都踊跃加入,希望得到可望而不可得之巨奖,至于成败利钝则不暇计较。主持人又利用民众侥幸贪小的心理,花言巧语,大事宣传,于是受害者已不可胜数了。

如果按照有奖储蓄章程,不欺不骗,切实办理,到期还本,公而无私,还可使人原谅。不料开办有奖储蓄者除少数靠得住外,其他都别存欺心,以故毫无结局。已经倒闭之有奖储蓄会,如东方储蓄、东亚储蓄、远东储蓄、苏州银行等数家,都先后倒闭巨款。储户方面因受此诈欺心不甘服,曾一再提起诉讼,奈负责人均逃之夭夭,结果则不了了之。最倒霉的实为多数的零碎储户,牺牲了许多汗血钱存储该会,本欲积少成多,希望日后得到一笔整款,不料主持人欲壑已饱,远飏无踪,到此只有饮泣吞声而已。

东方仿万国办法,主持人某甲本万国旧人。东亚专吸收外埠小储款;远东办法又狡,用计更毒因它发给储户的储蓄证,只缴一次现款,即可月月有得奖希望,满了五年仍旧还本。期限短、手续便,故贫民方面趋之若鹜,谁料一转瞬间又卷款倒闭,害人无穷了。

将贫苦民众的汗血资供给不法之徒，造洋房、买汽车、娶美妾的挥霍，储蓄为名，侵吞其实，置社会经济于不顾，储户汗血于度外，论情论法，两不可恕！

储蓄本是一种美德，实有提倡和实行的必要，但是障碍如此，殷鉴如彼，使人无所适从呢！今后宜屏除有奖储蓄的妄念，快快选择夙有信誉、殷实可靠的银行为一种复利的储蓄，才不致上其大当，重蹈覆辙。

最可笑的，东方破产时，捕房派员到会检视，在那大铁箱里搜查，只有三块几角现洋和一堆不值钱的纸片。不知那几十万大款子到那里去呢？唉，储蓄骗！

孵豆芽

"孵豆芽"三字是衣衫没有，钻入被内不能出去的形容辞。如豆之隐在柴草间，还未出芽呢。不过孵豆芽也分两种，一种是临时的，一种是永久的。临时的如一班胡调青年，出门时候衣帽翩翩，很像一个浊世的佳公子。到了外边，忽而吃光、赌光、用光，弄得衣衫褴褛，不敢露脸，恐伤体面，权且到旅馆去借宿，以待救济。还有一种永久的，是早吃太阳、夜吃露水的起码游民，聚集了三四人，以小栈房作家庭。他们不但衣衫不完全，而且常常把裤子当掉，两人或三人合穿一裤，没裤的人躲在床上酣睡，有裤的人出去想法子，弄到了钱再去派用场和替换穿裤。

两个半滑头

人们都说上海滩上是一个滑头世界。的确，眼见全社会充满了狡猾的气象，有了滑头本领才可以张牙舞爪、耀武扬威，才可以创家立业，自利害人。滑头的好处有如许之多，莫怪上海人都在那"滑"字上用点儿功夫。呵呵！

再说海上顶著名的两个半滑头是谁？据说一系某药局孙某，曾出卖什么精什么精，因此而大发其财源；一系某庙道士；还有半个是半盲半聋、天天装神弄鬼、专门欺骗妇孺之口天先生。至最近拆了大烂污；呜呼哀哉的草头老班却不在其内。某道士的滑术神通能使善男信女一致信仰，焚香祷祝，庙门如市。每逢朔望，尤为男女杂沓，摩肩擦背而来，数十年来未见衰败。这魔力多么的伟大呀，实在是道法无边，值得人们的钦佩。

点香烛

"点香烛"三个字并非在庵庙寺观里施行，却在人家屋里或店铺里点烧。凡甲方无故得罪了乙方，双方纠结不开，由和事老出为排解，吩咐甲方到乙处去点香烛为一种认过与消除纠纷的表示。末更有加上一串鞭炮，霹雳拍拉乱响一阵，双方的交涉才算完事。

某国浪人

"浪人"即无正当职业游民的代名词。不过说也奇怪，浪人的出产地多在某国,而沪上历次破获的犯法案件,都有某国浪人在那里作祟。如假造钞票案、私印废历案、私铸银币案以及其他的一切一切,吾国浪人做起作奸犯科来多牵涉某国浪人。唉!某国浪人,天下种种罪恶皆借你的大名以施行了。

又如"一二八"沪战一役,某国浪人更为活跃,手持武器分布虹口一带,见物即拿,见人即打,见妇女即调笑。路人虽侧目,然均畏其凶焰,都不敢和他计较。唉!

叫火烛

到了寒冬时候,在深夜里,常见有人拎了一盏灯笼,一手拿了支竹筒,边敲边喊道:"火烛小心……冬天日燥,河干水浅,前门撑撑,后门关关。"这一种声浪在街头巷中都可听见的,名叫"叫火烛"。他灯笼上面的"火"字颠倒粘着,不知是何取义,或谓促起人们注意之故。他们到了大小月底,挨家逐户去讨取几只铜板,以作叫火烛的代价,其实是一种冠冕的"讨饭"罢了。

树上开花

这"树上开花"四个字并非真的指树木上会开花。譬如甲方有桩事件,自己干不来,请人代干一下子,事先声明所有公费和酬劳甲方不给分文,等到事件胜利以后,即在甲方所得的利益内提出若干成给与代干者,这就叫作"树上开花"。这一类事,以钱

上海鳞爪

债案件最多,如请律师代索款项,或请强有力者包讨欠债,统名"树上开花",这是属于正当的。

还有不正当的。例如某甲私底下干了一桩违法事件,被某乙侦知,报告某丙、某丁等群向某甲强索钱钞,不允则宣扬出去,以作要挟地步。惟某乙也事先声明,须得到某甲钱钞后提出若干成,作为某丙、某丁等酬劳,此类事也叫作"树上开花"。不过某甲犯法,自有国法来制裁,今横被不相干的某乙、某丙、某丁出来干涉和强索钱钞,也是违犯诈欺钱财之罪了。

抄把子

华、租两界警务机关方面,因鉴于匪徒的横行、烟毒的蔓延,为预防界内安宁、肃清毒害起见,常有检查行人之举(俗呼"抄把子")。倘使身藏不捐执照的枪械和烟土、烟泡、吗啡、花会纸等违禁品,一经查出,概须拘解法院依法惩办。起初施行检查时,坐汽车人及妇女们却免搜检。后来因为坐汽车的阔客和妇女也多匪徒混入其内,今早已不分贵贱,都一律搜查了。妇女们向不检查,自发觉私藏违禁品后,特地雇用一班女侦探也从事搜检了。

行人或坐车人每逢探捕喝阻搜检时,应听其所为,这是他们的公务,依法执行。如果意存恐惧,或拔脚奔逃,或反抗搜查,这就是畏罪的表现,并且是违法的,是不应当的。记得两年前,在宁波路天津路之间搜查行人时候,某店的小主人目睹探捕蜂拥而来,恐惧万状,忽然拔脚飞奔。探捕误认盗匪,扳机射击,就一弹洞穿,僵卧不起。这是完全自取其咎,只好白白送掉性命。

空头支票

　　银行和钱庄所给予存户的支票,在银钱业方面负着收付的义务,在存户方面可以代现金付用,数目多少也可随便开写,因此十分便利。但是目今世风日下,一般狡狯之徒竟利用此点,滥出空头支票以遂其诈欺之计。什么叫"空头支票"呢？譬如某甲在某银行中立有支票户头,惟存款早已提完,只存极少数之底洋,仍将支票随意开写若干以代现金,向各处混用。等到得票人赴银行取款,因某甲户上已无款项存储,当然拒绝付现,这张票子就叫"空头支票"。

　　现在银行中的老牌银行对于存款人领用支票,第一次存入金额须五百元,至少须三百元,还要有熟人介绍(此熟人和银行方面有相当信誉者)才肯发给。如到钱庄领用支票,更须熟人负责介绍(譬如要往来若干金额,先由介绍人负责担保,将来倘使不去结束,即令担保人如数赔付。因钱庄往来,都属透支。惟本年起,如福源、寅泰各钱庄,因扩展业务,优待顾客起见,不须熟人介绍,也可领用支票,不过不是透支往来)。至新开银行和声誉未著之银行,对于存户领用支票很为迁就,第一次存入金额只消满五十快,也不须熟人介绍即能给予支票。不过银行方面为招徕主顾、便利存户计,也是一桩好意,并非叫你去滥出空头支票施行诈欺之术。

　　受空头支票之害,却已不可胜数,大抵哑子吃黄连有苦说不出。也有因支票金额过巨，不得不诉诸法院，以求法律解决。不过到了这个当口，出票人或竟避不见面，或则逃之夭夭，无从传讯，结果只有得票人自认晦气而已。故现在商场中往来或个人往来，每当给付支票时，只看这爿店和这个人平日信用怎样，以定收拒方针。譬如这爿店和这个人素来是信用昭著的，开出来的支票届期必可兑现，决不会闹成空头的把戏，就乐予收用。倘使这爿店和这个人素来视"信"字如儿戏，开出来的支票虽非空头确有实额，也没有人敢相信而收用。收款人因金钱关系，不得不郑重对付，以免吃亏。

还有一种歹人，纠集了同党，自己临时开设一家滑头钱庄，专门将空头支票和空头"本票"（钱庄自己所开出来的名曰本票）到各处去骗取货物。收票人以为该庄自己所发的票子决无空头之弊，都收用了。等到到期去兑现，这爿钱庄已经倒闭，骗子也早已远溜无踪，不知去向，收票人只有徒唤奈何。这种计划周详的滑头钱庄，未关当口，瞧瞧它的外状，像煞一家堂而皇之地金融机关，故人们容易上它的当，其实它的内幕是一座空城计式的钱庄罢了。

假钞票

各银行所发行的钞票，已屡次发现伪钞。在一般妇孺和民众，偶不经心，得到此项伪钞后，不但平空牺牲了一笔损失，有时还要受着无辜的牵累，真可说是冤哉枉也！

制造伪钞的匪徒们只知自己想发横财，不顾贼害人群，扰乱金融，真是罪不容诛。但历次破获的伪钞机关，十桩中却有九桩有日本浪人在内担任重要角色，这也算是亲邻善仁之道吗？

昨据友人告诉我，去年北平市上也曾发现过伪钞，不过他们不用机器仿造，是用化学作用影印的。先将真钞一张，票面上先涂着药水，然后用大小厚薄和真钞一样的素纸铺在上面，用力压之，而真钞之花纹颜色完全显出，丝毫无二。后来混用过多，发现了相同号码的伪票多张，才揭破黑幕，破案惩办，但民众方面的受害已不在少数了。

还有中央各银行所出的辅币券（即角票），也有假造的，作伪之徒可谓无孔不入，无假不有了。

假银币

假银币也是匪徒所作伪，而假银币中约分四种：（一）夹铜，（二）纯铜，（三）药水，（四）锉边。据说夹铜和纯铜须大规模的秘密制造，其它药水与锉边是小钱庄歇伙和银匠店歇工所作伪。药水银币是用一种吃银药水，将好银投入药水中，数分钟后取出，银币上即少去一层，后来这银屑沉入水底，如一块的投进去，积少成多，他们就可如愿以偿，达到非法取财底目的，可是好银币上都减少分量了。至锉边作伪，只用一把锉刀，在那银币边上磨锉银屑。不过好好银币经过磨锉后，因分量已轻，兑换起来又要损失贴水。可是作伪者只知达到自利的愿望，其他一概都不顾及。夹铜与纯铜称假银币，药水与锉边只可称为劣币，因它仍可换钱，不过兑换店里老板多得些额外的利益。

假辅币

市面上除假钞票假银币外，还有一种假辅币和劣币（沪人呼"角子"）。假辅币完全是铜质或铅质做成，币面上加了一层薄薄的银屑，即在暗中混用。劣币有药水和新造（沪人呼"新角子"）之分，药水辅币与药水洋钿一样的成色，至新角子是一种银少铜多混合制成，其成色和好辅币一比较就差得远了。

常有贪得无厌的烟纸店专在新角子上面做功夫，暗中用贱价大部份的收进来（据说一块钱可购二十多角），慢慢地搭出去，而余利已大有可观。这种好生意，在今日情状之下将成为公开的卖买，且只图油水可揩，兑换人的受害与不受害，他们都一概不管。

假书画

一般稗贩之作伪者，对于古人书画，他们都有法子仿造。纸张颜色、钤记朱印、装潢格式都可摹仿，远瞧之和古人真迹毫发无二。他们拿了在市场上兜揽混售，而门槛不精的买客常常受他们的愚弄。须逢到真正识货的金石专家，才可以辨得出真赝之别。

书与画本为雅人深致的东西，不料也有种种黑幕在内，古人地下有知，必要叹息痛恨哩！

又如现代的名书画家，也有人摹仿他的笔迹钤记在市上混售，无眼光的人们都要受他蒙蔽。如到扇子店去购求才不受愚，该店有一句口号叫作"包真不包好",表明书画是真的,不过不分好歹罢了。

假客气

一种虚伪的假客气也是中国人的特色,尤其是住在海上的人们,专门在那"假客气"三字上用些功夫。譬如有甲、乙、丙三人,预定某天由某甲作东请客,等到吃好会钞时候,乙和丙必要抢前连说"我来我来"的假客气话,那怕身边空空如洗,一只手也要伸入袋里作摸钱状。其实既经预先讲好由某甲请客,某丙、某乙可以老老实实的扰他一顿,何必末了还要连说"我来我来"的假客气呢?

作者在酒菜馆中常常瞧见几位食客,菜也吃饱了,酒也灌足了,脸孔红得和关公一样,走起路来两条腿也不能自主,而且酒气扑人,闻而欲呕。等到会钞时候,四五人不约而同地抢会钞,害得堂倌围在核心没法接受。也有摸出来的洋钿角子洒落一地,叮吟当啷铿锵动听,在旁人看来有些替他难过,然而他们正得意洋洋的在"假客气"三个字上用劲儿,那可少此一举。其他假客气的顽意还多着呢,不过举一反三,可以概其余了。

髦儿戏

二十年前,完全由女伶演唱的戏馆,名叫"髦儿戏"。起初都是一种未成年的女伶演唱,故名"髦儿"。到了后来,并不限于幼伶，年长的和年老的都有了。

从前四马路胡家宅有一爿群仙茶园，是纯粹的髦儿戏馆，开设很久，著名坤角如林黛玉、陈长庚、红菊花、翁梅倩辈都在那里唱过。还有宝善街的丹桂、大新街的大富贵、南市新舞台旧址的妙舞台，都是髦儿戏馆。丹桂角色，如恩晓峰、张文奎、张文艳、白玉梅、张少泉、牛桂芬均为该园盛极一时的红角儿。自从男女合演之风盛行以后，这种髦儿式的戏馆，已不复再见。现在群仙、丹桂等旧址，也早已改建市房了。

上海人的过年忙

推行国历，废除阴历，一霎那已二十四年了。自从国民政府定鼎金陵以来，又明令一律改用国历，严行废除阴历，亦已七八年了。不过民间狃于几千年递嬗下来的旧习惯，似不愿意急急改革，且亦不能一律遵从，可见改革习惯是一件很不容易的事呢。

现在表面上虽已推行国历，在实际上依然用废历为多数。到了国历岁尾年头，一点举动也没有，到了废历的岁尾年头，大家当作一件大事情来干它一下。习惯如此，行政方面也只好马马虎虎了。兹将岁尾年头的种种事情，分段记在下面：

扫除 中国人懒惰脾气，最为显著。平日对于屋舍家伙，都任其尘埃满积，不加洗濯。到了年底，才手忙脚乱地除灰尘、洗地板、揩窗棂。涤器具。忙得一团糟，名曰"大扫除"。

谢年 一年四季，靠天保佑。到了年脚边，大鱼大肉，红烛高烧，香烟缭绕地举行谢年，以答神庥。末了，还要大磕其响头，大放其爆竹。这种举动，除却新式家庭和教会家庭外，差不多都要来举行一下。

祭祀 祭祀即祭祖宗，是子孙追远之意。一年四时八节都要祭祀，不过年底祭祀，格外来得郑重其事。这祭祀一节，除却少数教会家庭外，家家都要虔诚地举行。

结账 商店和顾客往来交易，所有欠款，到了此时，须一律结束还清，不得再行拖欠，如果力不能还或有意规避，你纵能逃过此关，不过你以后的信用便要破产。故要面子的朋友，不论怎样窘迫，也要竭力设法现款来还清，免使人家耻笑和失却信用。商家和钱庄往来，如有透用款项，到了这个年关必须要如数还清，明年才能继续往来。倘使款项不还清，这爿店的信誉便要受人指摘，而且一传十、十传百的宣扬出去，说你窘态毕现，有些儿靠不住了。

烧香 中国人是著名的崇拜偶像，故庵观庙宇遍地皆是。到了元旦那天，一般善男信女都洗好了澡，换好了衣服，一群一群地往南市城隍庙、南京路虹庙等处烧香，肩摩毂击，拥挤不堪。又有烧头香之玩意。什么叫烧头香呢？就是第一个人踏进庙里，如果烧着头香，视作一件非常荣幸的事，因为菩萨老爷鉴你虔诚，今年一年必特加保护你万事如意，发财发福。但是你要烧头香，他也要烧头香，你能提早，他能抢先，到了现在越弄越早，竟在大除夕晚上十点钟左右，已经要去烧元旦香了。瞧瞧他们的举动，使人可发一笑。

拜年 从初一到十五这半个月以内，小辈对于长辈的拜年礼节极为郑重，或行大礼（即叩头），或行鞠躬，看各个人的处境而定。平辈第一回碰见，也须拱拱手，叫声"恭喜发财"、"新年得意"等吉利话。一般摩登新人物，也有不拱手和说吉利话的，不过究属少数。

娱乐 娱乐分两种，一种是正当的娱乐，一种是不良的娱乐。人们因习俗难移，大半趋于不良的娱乐一途，平日间已浸润其中，漫无限制，到了新年，更商辍于市、工辍于业的相率嬉游，玩一个饱，费时损财，不遑计及。如果仅仅逛逛游戏场、看看电影、听听平剧，已为难得，大多数均发狂般的从事嫖赌，岂不可叹（赌博尤为新年中最普遍的不良娱乐）。

茶包 每到新年，人们往亲友家去拜年或探望，他们佣人泡了一盅盖碗茶，茶盖上放着二枚青果（即橄榄），说道："请饮元宝茶。"客人临去的时候，照例须给下红纸裹的茶包一封。大约在半个月内，客人第一次进门，他们泡了元宝茶，必须发给茶包。茶包的数目约分三种，上等人家，大来大往，每包以一块到五块为止；中等人家，四毛小洋到一块为止；顶起码人家，至少二毛小洋，最普通以四毛小洋到一块钱为多数。真正的阔老大亨，也有十块、二十块、五十块的，不过这是一种例外的茶包了。

压岁钿 长辈对于小辈，概须给付压岁钿，数目不等，至少一块，多则五块、十块、几十块，都无一定的。

红烛高烧 一般迷信人们，除到各庙宇去烧香磕头外，家中还要燃点大蜡烛，虔虔诚诚地磕一下响头，名叫"敬天地"。这种人家的家里，在新年几天，家家户户都是红烛高烧，香烟缭绕，过了元宵才告停止。

新年锣鼓　十二月中旬起,耳膜内已可听到敲年锣鼓的声浪,直要到元宵后才停锣歇鼓。在这时候,吾们走在路上常常听到没有节奏的锣鼓声音,吾们虽听得厌烦,他们却敲得上劲,你要避免也没法避免。至于他们的用意,是要大家(指敲锣鼓的一家而言)乐一乐的意思。

马路小贩　肩挑负贩的小生意人,他们虽捐有照会,依照租界章程,平日不许停顿在路隅卖买,如果违章,被探捕瞧见,就要拘入捕房处罚。惟大除夕特弛禁一天以示宽大。故这天马路的人行道上麇集许多小贩,百货杂陈,如水果、玩具、头饰、鞋袜、花草等类,兜揽行人生意。

穿新衣服　新年几天内的男女,不论老少,都要穿一套新制衣服,其意思是一岁开始作新当口,大家无妨换一换新衣,以示快活之意。故尽有平日间穿惯破衣服人,到了此时也要换上一换,而且不但衣服如是,其它鞋儿、帽儿、袜儿都要新一新。照常穿旧衣服人也未尝没有,不过是少数罢了。

接路头　接路头又名"接财神"。到了初四晚上,必要恭恭敬敬的接它一接,意谓这么一来,财神爷爷鉴你虔诚,降福赐财,生意兴隆,大得其利,定能如愿以偿。此种可笑的举动,旧式商店大半举行,门户人家的主人翁也有奉行的。依照旧规,商店中的夥友,本年工作蝉联和不蝉联,也都于此夜定局。接路头之先,摆好陈设,燃好香烛,首由经理先生跪拜,拜完从身畔取出预先写好的红纸一张,上列各夥友姓名,各夥友可依次拜跪。如果红纸上没有你的大名,即可免拜,而本年度职务也不蝉联,等到明天卷铺盖走路好了。

放鞭炮　关门放关门炮，开门放开门炮，谢年和接路头都要放炮，且鞭炮中杂有高升，其声很响，耳鼓为之震聋。到了岁尾年头，这种砰彭劈拍的声浪到处可以听见，虽旁人听来讨厌，他们却兴高采烈，得意非常。如果有人将这笔糜费来统计一下，其数目着实可观哩！

乞丐索钱　平常乞丐在路上向人索钱，探捕瞧见就要驱逐，或拘到捕房里去惩治，或逐出界外，惟大除夕晚上到初四为止，任他们乞讨，不来干涉。故这几天的马路上，男女乞丐成群结队的向人索钱，不给不休。它如里巷之间库门之前，更为若辈的集中地点。一过初四，却又不能公开地乞讨了。还有一种下层民众，临时结合五六人或七八人，为首的人拎了一盏长柄灯笼，其他各拿乐器一枚（如锣鼓铙钹之类），瞧见人家谢年或接路头当口，他们蜂拥而来，边唱边敲，倘不给予银钱，他们更敲得响，唱得劲，另外罗哩喧闹，不给不止，起码须给与小银角数枚，才一哄而去。他们的名目叫"索利市钱"，他们敲的是没有节奏的锣鼓，唱的是没有腔调的胡诌。据说他们向人家索钱也有规矩，如谢年接路头，人家门口不挂灯笼，即不来索取；挂了灯笼，不客气的就要上门。这种人虽非叫化，其实也是一种冠冕的乞丐罢了。

大鱼大肉　年年到了年底，不论大小人家都要买些鱼肉菜蔬，作为过年之用。不过大户人家是大鱼大肉，小户人家是小鱼小肉，并且还要请人吃年酒、吃春酒，都在那时候举行。人们的意思，以谓旧年将去，新岁才来，吃吃喝喝，也表示快活之意。不过作者意见，到了年底买些鱼肉吃吃，也在情理之中，但是都从年脚边烹煮的鱼肉，直要吃到元宵后还有余剩，那时候天虽寒冷,因为时过久,菜蔬也要变味,吃下肚去,未免太不知道卫生。要图口腹,反而吃变味的东西,真是何苦。然为习俗所移,要想改革也无法改革呢!

宋案的回顾

桃源宋教仁先生,狷介自持,博学多才。先在《民立报》馆任撰述职务,言论犀利,洞中肯要,于右任恃之如左右手。民初袁氏当国,尝一度任先生为农林总长,坚辞不就,后来潜窥袁氏有异图,力持反对态度。袁忌其才,又没法羁縻,因忌生妒,因妒生杀,于是"毁宋酬勋"之密谋乃决。

民国二年三月二十日晚上,宋先生同黄克强(兴)到北车站,预备乘夜车赴宁公干。不料将到月台,而无情之枪弹突至,射入腰间,亟赴铁路医院剖腹验治,卒因伤重不起,享年仅三十有二。先生既逝,举国震悼,而国民党诸同志更怒发冲冠,因此酿成"二次革命",实行讨袁了。

刺宋主犯,人们都知为赵秉钧,应桂馨、洪述祖、武士英辈为从犯。其实秉钧杀宋奉有袁命,袁实假手于赵,赵又假手于应、于洪、于武,故此真正的主犯是袁氏,其它诸人不过奉令行事,以图固位邀宠,希得金钱而已。

先是,宋先生不就农林总长后,屡赴东南各省,演说政党内阁制之利益,赵氏闻讯惴惴不安,尝说:"此人一旦得志,吾辈危了。"赵之秘书洪述祖进言,谓:"吾有故交应桂馨,足智多谋,可以担任杀宋重任。"于是计划谋事,由洪密电桂馨,叫他相机行事,"梁山猏獗"、"毁宋酬勋",都是密电中的隐语。后来桂馨出巨资募得壮士武士英,武系粗汉,不明真相,欣然答应。桂馨先给以黄克强和宋并立的小照一张,反复叮咛道:"一并击杀者受上赏,击杀其一者受中赏,二皆不中无赏。"士英唯唯,而照片所题姓名又颠倒,桂馨不察。士英初不认识黄、宋,届时按图索骥,奔到北站,追踪得黄、宋,弹发,黄无恙,宋则倒地不起。

那时程德全氏正做苏都督,闻报拘捕应桂馨、武士英入狱,再派员到应家搜查,检获函札、密电多封,于是主犯已得,咨请司法机关按律严办。黄克强等复联名揭穿赵秉钧罪状,促其南下对质。赵惧,密遣龙某挟巨资赴沪,龙用奇计鸩士英于狱,以灭其口。事成龙得巨赏,后经亲友劝告,龙虽隐于乡,仍被秉钧遣人杀毙。明年赵出督直隶,桂馨越狱逃赴天津,向赵求官索钱,秉钧佯应之,阴使心腹马弁刺应于火车中,未几秉钧也暴卒于任所。后来述祖也被逮,鞫讯得实,处以电气绞刑,此一幕大惨案才大白于天下了。

自从刺宋案发生以后,《民立》、《天铎》、《民权》、《中华民》各报纸,对袁、赵都愤激万分。《民权报》尤激烈,天天著论痛骂,更将袁世凯、赵秉钧各人照片制版披露,加注"袁犯世凯"、"赵犯秉钧"字样。一般读者,亦钦佩《民权报》社长周浩(少衡)的不畏强御,胆识俱优。

戴季陶被捕

考试院院长戴季陶先生,他本是一个新闻记者,在清末民初,先担任《天铎报》主笔,后转任《民权报》主撰。那时戴先生发表的文章都用"天仇"两字为笔名,言论极犀利爽直,对于袁世凯之倒行逆施,尝著论斥之。民元大借款成立,戴先生在《民权报》上天天据理驳斥,因此忤触袁氏之怒,于某日被捕,拘入四马路总巡捕房。后国民党诸同志闻信大愤,急电袁氏责问被捕理由,袁以清议难违,亟复电谪释。故只尝了一夜铁窗风味,明日未到会审公堂受讯,而戴先生被捕一案也就此无形结束。

如同狗屁的《天仇文集》

民初,戴季陶先生担任《民权报》主撰时候,该报差不多每天有一篇很长的社论,是戴先生撰的,社论措辞很雄壮犀利,极为读者所称道。对于袁世凯的种种非法举动,戴先生尤口诛笔伐,不遗余力,因此尝一度被捕,后因营救得早,即行恢复自由。

后由《民权报》馆主人将戴先生的社论选印单行本,颜曰《天仇文集》,"天仇"是戴先生的笔名。彼时的青年学生、民党志士,多喜购读。出版未几,《大共和报》的画报上面有一幅图画,画着一只犬,在犬尾巴后注"天仇文集"四字,可谓极谩骂恶诮的能事了。

章太炎监禁西牢

逊清光绪年间,蔡元培、吴稚晖、章太炎等组织《苏报》,举章氏和邹容为正副编辑。《苏报》是鼓吹革命的言论机关,对于清朝的暴虐与失政,指摘不遗余力,因此很受读者的欢迎,同时也被清政府所注目。

光绪三十二年,《苏报》案发,报馆被封,蔡元培、吴稚晖闻警先赴日本,未受其殃;章太炎与邹容都判徒刑,监禁西牢。邹容系川人,号威丹,年少气盛,文笔极深刻犀利,尝著《革命军》一书,攻击爱新觉罗氏无微不至,在囹圄中忧愤成病,卒至瘐死狱中,人都叹惜。章氏刑满释出,即离国赴日,等到推倒满清,民国成立,他才回来。

康圣人办《国是报》

清季戊戌政变,康老先生实主其事。事泄以后,胞弟广仁和谭嗣同、林旭等同在菜市口遇难,老先生同着爱徒梁任公(启超)逃赴国外,得保生命。后来索性捆着保皇招牌,向国外华侨到处乱吹。等到民国初年,袁(世凯)、段(祺瑞)相继执政,梁氏曾做过几任大官,康则誓不入仕。记得有一次康打电报给袁,首冠"慰亭总统老弟"六个字,足见他的倚老卖老了。

康字长素,又号南海(他本是广东南海人,声名一大,就将籍贯代名号,如黎元洪之称黎黄陂、岑春煊之称岑西林都是)。至民国五六年间,他才倦游回国,在上海麦家圈交通路转角开了一家《国是报》,发表的言论竭力主张尊孔,关于民国问题绝口不谈。到了张勋复辟,他于事前秘密北上,参与逆谋,做了一回短期的议政大臣。直至复辟消灭,再造成功,他又溜到外国去做寓公,这张鼓吹尊孔的《国是报》也就收场关门。

最后他又圣人自居，或南或北，或东或西，行踪无定。四年前在青岛寓庐病逝，从此不复再见康老先生的言行了。有人说道，倘使康氏不死，现在傀儡国的国务总理一席，必属老康无疑。

康氏擅长书法，誉者目谓"恣肆苍劲，中国一人"。其实他写的字不守绳墨，恣肆则有之，苍劲则未必。已故大学讲师李石岑写字，力摹康体，可谓见仁见智，好恶不同了。

《天铎报》人材济济

逊清末季，沪上鼓吹革命的报纸，人们都称道《民立报》，不知那时还有一家《天铎报》，也竭力地鼓吹革命。编辑、撰述都是一时人选，如戴季陶、周浩、陈布雷、李怀霜诸君，均为《天铎》旧人。等到民元，周浩另组《民权报》，戴季陶才脱离《天铎》，改到《民权》去。

后来陈布雷、李怀霜也陆续地脱离了，该报主持人无意继续下去，才宣告停版，一般读者多很惋惜。

周浩胆识俱优

清末，周浩在哈尔滨办报，因事触忤当道，致遭通缉。戴季陶先生闻讯，特电周浩，慰勉有加，更招周来沪，担任《天铎报》辑务。等到武昌起义，推倒清室，周浩在江西路另组《民权报》，聘戴季陶、刘民畏、牛霹生、蒋箸超、吴双热、徐枕亚、管义华等为编辑与撰述。出版未几，因有敢言之誉，即能风行一时，不胫而走。

民二宋案起后，《民权报》尤愤激万分，痛骂袁氏，体无完肤，并将袁世凯、赵秉钧照像，制版登在报上，加注"袁犯世凯"、"赵犯秉钧"字样。隔了几天，周浩又登了一段特别启事，略称"袁贼世凯，派人南下以十万元现金收买'民权'，浩一息尚存，誓决奋斗到底，决不改变初衷"云云，读者都钦佩周浩之有胆有识。直至癸丑"二次革命"失败，才结束停刊。

周浩字少衡，躯干矮小，写得一手好苏字，从前棋盘街上有一爿"中华图书馆"的招牌，为周先生手笔。后来到北平去办过一张《中报》。民十七在南京做过一任江宁县长，一年以后，因政见不行，才挂冠而去。

薛君子丧胆

薛大可氏为"洪宪六君子"之一，奉了袁世凯的密令，挟了重金来沪，在望平街南京路口开设一家《亚细亚报》，拚命鼓吹帝制产生。等到洪宪登极，《亚细亚报》最先在报边外改登洪宪纪元某月某日字样，以媚袁氏。热血民众探悉薛氏行为，屡次致函警告，薛不为动。有一天晚上，炸弹来了，轰然一声，报馆门口的大玻璃窗纷纷震碎，职员逃避一空。薛在楼上经理室中，闻惊遍体股栗，窜回寓所，好几天不敢到馆。

经此一击，《亚细亚报》的论调虽不能完全改变，而捧袁的肉麻文字却减去了许多。后来云南起义，各省响应，帝制取消，袁氏气殂，这张鼓吹帝制的机关报就此停刊，而薛君子也跟跄离沪，不知去向了。

十六开

十六开的定期订本刊物，现在又盛极一时了，其数量已有一百多种。人们说起报界的情形来，必道小报真多，其实小报虽多，只有几十种光景，那能及得来十六开式的刊物多而且盛呢？

这一百多种的刊物之中，论起资格来，要推《礼拜六》周刊和《生活》周刊两种最老。《礼拜六》创始于民国十二年，到如今整整有十二个年头；《生活》开创于民国十四年，也有好几年了，不过《礼拜六》和《生活》创始当口，都是四开式的散张，像现下流行的小报相同，经过了许多年月才改为十六开的订本式了。

讲到这许多刊物当中，真能无党无派、代表民众说话的，实在很少，差不多的都有背景在内，或以政治作背景，或以宗教作背景，或以什么派什么系作背景。至于替一个人拥护，做留声机的也有。但是每种刊物，有了背景，其寿命必不能悠久，以故这许多刊物中，除掉《礼拜六》和《生活》以外，大都旋起旋灭，极少有持久至二三年以上者。（《生活周刊》现亦因事停版）。

至出版日期，有三日刊、周刊、旬刊、半月刊等区别，但以七天一出版的周刊为最多。因他们是用一张报纸分为十六开订成的，故一般读者称之谓十六开刊物。

最近出版的《十日谈》旬刊，却用八开式订本，闻系邵洵美等主办，纸幅特大，他们的意思是表明和十六开式的刊物有些不同罢了，后来也改为十六开式，今也因故停版。一九三四年的一年中，这种刊物很为发达，故人们目谓"杂志年"，恰是一个确切的比喻。

夜　报

在欧美报馆发达之各国，每天出版报纸，晨有晨报，午有午报，夜有夜报。逢到紧急事情发生，还要随时编印号外，号外的次数也没有一定的。讲到吾国报纸，现在仍处幼稚时代，至于夜报之数量更少，从前只有沈卓吾主办的一家《中国晚报》，开办较早，计算起来约有十几年的历史。自从前年沈卓吾溺毙以后，这张老牌的晚报就实行停版，寿终正寝了。

等到九一八国难发生后，《时报》馆首先在傍晚发行号外。"一二八"沪战起后，《申报》、《新闻报》、《时事新报》也都相继发行过号外。旋因十九路军退却，时局为之一变，《申》、《新》两报的号外就突然停止，为时不过一星期而已，后来《时事新报》也停止发行号外了。自热河被占，榆关告急以后，《申》、《新》两报重复发行夜报，不多几时，《申报》的夜报又先停止，《新闻报》的《新闻夜报》现在仍旧照常出版。《时报》自《晨报》馆发行《新夜报》后才取消号外，正式的改称《夜报》了。上述的几种夜报，都是各大报馆的副业，至独立发行之夜报，自《中国晚报》停版后，只有一家《大晚报》。该报在沪战激烈时候，由张竹平氏所组织，起初每天只发行四开一张，不登广告，专载新闻；经过半年奋斗而后，已有相当的成绩，才扩充篇幅，登载广告。现在销路已突飞猛进，人们的心目中都知道《大晚报》是沪上最著名的夜报了。

逢到时局一度剧变，必有一班投机分子瞎七搭八，乱造谣言，印成一种豆腐干式的什么快报、什么捷报，批给报贩，沿街喊卖。这班投机分子都是小印刷所里的老板作主人翁，想捞取几个外快吧！这样小小一方的印刷物，那有夜报和号外的价值？只可称它一种无聊的传单而已。等到时局宁静，他们的快报、捷报都没影没踪的取消了。

现在流行的各种夜报，除独立发行的《大晚报》外，计有《新闻报》馆的《新闻夜报》、《晨报》的《新夜报》两种，《时报》发行的《夜报》现已停刊了。最近又有蔡钧徒君主办的《社会晚报》，它的记载注重社会新闻，还有一家《大美晚报》是美国人所发行的。

文化街

福州路（俗呼"四马路"）中段一带地方，人们都目谓"文化街"，因为那边的书店很多，最大的如中华书局、世界书局，上中的如大东书局、广益书局、现代书局、北新书局、开明书局，范围较小的如泰东书局、光华书局、华通书局、新中国书店、卿云书店、新月书店，以及什么斋和什么阁等古董书店。它的数量总有几十家之多，这一段短短地方有了几十家书店，自可称誉"文化街"而无愧了。

但是这许多书店当中，有专售教科书和译著书籍的，有专售新文化书籍和定期杂志的，也有专售新旧小说的，更有出售类似海淫派小说和连环图画的，形形色色，可谓集其大成，使人目为之迷，叹为大观。还有一般古董书店，专售旧版书籍的也有好几家。

该处商号除书局以外，而一般滑头滑脑的百货小商店也有多家。到了晚上,更为野鸡娼妓的集中地,又为老枪式小贩兜卖淫画(即春宫)的大本营,有这几种东西点缀其间,吾觉得总是文化街上的污点吧!

如此新剧

新剧(即话剧,俗说"文明戏")的产生,约有三十多年历史,自从逊清宣统年间到民国元二年为最初一时期。那时候的"天知派"新剧很为风行("天知派"即任天知领导之剧团,任系旗人,曾入日本籍,故又号藤堂调梅,顾无为、汪优游辈都是其高足),至民国五、六年时,忽然衰败了。民初,陆镜若、马绛士、吴我尊、欧阳予倩等在日本组织的春柳社,后来全团移沪开演,假座南京路东关谋得利洋行为剧场。该社定章仿平剧一样,每演一剧,纯用脚本,角儿登场表演须预先熟读,一举一动都有准绳,非若别社的只用一张幕表,临演时候由主任人略为讲解一过,即能出演。所演各剧的剧情也很高尚深邃(若《不如归》、《宝石镯》、《王熙凤泼醋》等剧),恰合上流人的脾胃,不受下级社会欢迎,因此曲高和寡,观客寥寥,卒致停演。

那时郑正秋先生目睹新剧衰微,乃崛起组织新民社,借石路天仙茶园旧址为剧场。开演以后,营业很佳(《家庭恩怨记》与《恨海》两剧最受人欢迎)。因此继起的新剧社很多,如苏石痴之民兴社,孙玉声之启民社、张石川之民鸣社。最盛当口,这种剧社有六七家之多,它们为团结起见,又组织一个新剧公会,再出版一张《新剧日报》,藉资宣传。某一年,为筹募公会基金起见,纠集各社演员演过一回联合新剧（地点在三马路大新街口之民鸣社）。那时候的新剧可谓如火如荼,盛极一时了,这位郑老先生也得着新剧中兴功臣的美誉。后来经过了三四年的光景,这新剧命运又渐渐衰败起来,各各停演,郑老先生的中兴功迹也就此消灭于乌有。最后几年,复在广西路组织笑舞台,郑正秋和邵醉翁都先后主持过,但是新剧的风头已过,虽欲挣扎也有所不能,终致没法维持而停演了。

鼎盛时代,不但团体有公会、宣传有报纸,而且几位新剧界大亨都组织了学社(如平剧之科班然)招生授业,如郑正秋之药风剧社、顾无为之无为剧学馆、苏石痴之石痴剧学馆,而药风剧社同时更出版一张《药风日报》以作宣传机关。

同时又有女子新剧也应时产生,最初开演假座圆明园路某外国戏院,演剧三日,看客很多。盖沪人夙有好奇心理,那时的女子新剧又为破天荒之产物,故很能哄动一时。林如心、谢桐影辈都为个中翘楚,后来不知怎的,并不自辟剧场,只依附男剧社,每逢星期一、二、三、四、五之日间,假座大新街民鸣新剧社,专演日戏,不演夜戏。苏石痴主办的民兴社为号召顾客起见,首先仿北平平剧男女混演制度,开演男女合演的新剧,演了几年,到底仍旧没法维持而停演。

现在之新剧,久已作为游戏场中的附属品,其地位早和一班杂耍相埒。要看新剧,也只有到游戏场去。从前出过风头的红角儿除掉改业以外(现在电影界巨子郑正秋,杂耍健将易方朔、张冶儿,以及艺术家欧阳予倩,小说家徐卓呆等都唱过新剧的),也只好屈身进游戏场去混饭了。十几年来的盛衰兴败,赛如春梦一般,使人徒兴不堪回首之感。

跳 舞

在八九年前,跳舞潮流曾勃兴过一回,后来不知怎的,忽然衰落了。可是到了最近二三年间,跳舞潮流又风起浪涌,盛极一时,跳舞场的开设虽不及电影院之多,然也有三十多家。到舞场去的朋友,不但是摩登妇女、惨绿少年,而白发盈头、长袍马褂的老头儿也很多很多。最普通的代价,一块大洋可以跳三次,每次只费三角三分(更有新开设的小场子为招徕起见,一块钱可以买六张舞券跳六回),就可和半裸的粉香扑鼻的、婀娜多姿的舞女搂抱接触了。喜欢跳舞的人,大家视为最便宜的娱乐消遣,但是一开香槟,吃些茶点,那就要耗去几块钱或几十块钱,更视为常事。

靠此为生活的舞女,现在约略计算,已有两千多人,论国籍有中、俄、日、韩等别。舞女的出身,有良家妇女、娼门姑娘,更有所谓电影明星(如梁赛珍辈)羡慕着做舞女容易赚钱,改业跳舞的也不少。等到跳舞跳红了,就有舞后、舞星等荣誉,那时候可以名利双收、誉驰舞国了。至舞场组织,大都取中外混合制,也有几家完全雇用外国舞女的。

舞场主顾,当然依靠本国舞友,而穿制服的外国水手也有光顾的。这跳舞的顽意,平情而论,如果逢场作戏,目中有舞、心中无欲的偶一为之,消遣消遣,原无不可;倘使入了迷魂阵,心旌摇摇不能自主,沉醉舞场不能自拔,那就要身败名裂,堕落到万丈深渊,不可救药呢!

肉林秘闻

友人某君前充侦查妓寮执照之职,今已退休不干,昨天在漕泾黄家花园晤面,为道肉林中的秘闻两则,很觉可笑,兹纪述于下。

到咸肉庄去的白相朋友,大家都知道他们是重在泄欲,今有屏除泄欲的嫖客,岂非怪事?有某嫖客白发苍苍,年逾知命,到了某肉庄,立召庄上花三四人。庄花至,自己卸了袍褂俯伏榻上,命三四庄花握拳殴击,越重越好。殴毕,似觉遍体松快,乐不可支,后各给付代价,一一遣去,客乃蒙被独睡,到天明才去。此客岂是生成一副贱骨头,非叫女性围殴,不能愉快吗?

又有一客到某肉庄后,嘱庄主须物色三寸金莲之庄花,不问妍媸,不限年龄,只要小脚。庄上无以应,客乃出钞券累累置放台上,并说:"倘能如愿,即以此为酬。"庄主贪于利,四出奔走,结果在四马路野鸡窠里觅到两只扬州老野鸡,年龄都在四十相近了,伴之到庄。客见此两妓固三寸金莲,纤不盈握,为之狂喜。客坐沙发上,前置矮几,为妓坐位,嘱妓将裹脚布一齐脱下,一面吸吕宋烟,一面徐徐嗅脚,边吸边嗅,似有无穷滋味者。一妓嗅完,再来一妓,嗅毕,出重金遣去,并厚赏庄主,客才整衣冠欢跃而去。此客具此怪癖,想是辜鸿铭之一流了(辜氏善嗅女人小脚,谓之别具风味)。

连苞嫁人

到娼门中去白相小先生(即幼妓),一时热恋起来,丢不得、舍不开，要想叫她从良，藏诸金屋，目的是未尝不可以达到，不过你要预备好大量的金钱，才可如愿以偿。因为鸨母们视小先生不啻一棵钱树子，嫖客替她脱籍，她们乘此机会要大大的敲你一记，她们的口头禅叫作"连苞嫁人"。

她们的意思是指这个小先生，的的括括未曾经过人道的处女，现在既然有人要讨娶，须连同含苞未放之花一齐归你，不过身价银子（即脱籍费）要好看一些，往往狮子大开口的乱说一下。倘使你爱惜金钱，不能厌她们的欲壑，这一块肉你休想啖得到，她们自会百计的阻挠你，结果仍旧不成功。不过娼门中所谓小先生也者，真正名副其实的还是很少，大多数以尖先生混充，鸨母们自有法儿，使这个已破之瓜用人工来补救，和未经过人道一样。入迷的客人，连苞讨回去，自诩完璧归我，欣欣得意，其实已中鸨母们的奸计，只好挨一回城门了，但是这金屋藏娇的嫖客却依旧睡在鼓里呢！

请游龙宫

从前有一班年老淫妪，在南京路西头幽僻荒凉之处（即现在的静安寺路一带）租赁陋室几间，备好母夜叉、鸠盘茶一流四五人，专备无赖僧秃合欢之地，名叫"龙宫"。僧秃去游逛，他们有暗号的，名叫"请游龙宫"。

"龙宫"两字多么庄严而璀璨，今竟变了龌龊神秘场合，龙宫、龙宫，世间多少罪恶都假汝之名以行了。人们说起来，都道现在秘密魔窟的多，不知道几十年前已有这种无耻的卖淫。

领港朋友

开到外国去的轮船,在船上设有固定的领港员,他的职务是非常地重要,逢到轮船在海洋中要人口时候,必要经过领港员的指示方向,才不致于迷路和发生意外地危险。

今神秘之路(即北四川路)北段和霞飞路西段也有领港人,不过他们的职务并非指示轮船入口,是一种"拉皮条"的别名。他们对于出卖灵肉的所在地,不论罗宋咸肉、高丽咸肉、矮子咸肉,都很熟悉,了如指掌。每天傍晚,在北四川路靶子路以及霞飞路一带,蹀躞往来,贼头狗脑的东张西望,瞧见衣履入时、缓缓步行的人,他就迎上来,低声说道:"先生,阿要领你去白相东洋寡老……罗宋寡老……"你如果愿意去的,只要点一点头,他就会领导你去。末了,给他四毛钱作为领港费,倘使碰到阿羊哥一流人物,他就要争多论少,一块、两块都无一定哩!

幺二堂子的新章程

幺二堂子(即二等倡寮)的种种规则,向来是墨守旧章牢不改变的,如叫局两元,打茶围一元,夜厢第一夜六元(故有"六跌倒"之称),第二夜起减收四元。此种旧规则已施行几十年了,不若长三堂子,早已一变二变至于三变,故俗谚有"烂污长三板幺二,着铁绷硬打野鸡"之说,这一句话是称誉幺二堂子的刻板划一。

不过到了近年,也微有些改变了,夜厢已经增为八块,第二夜起也要五元,故"六跌倒"一说应改为"八跌倒"了。叫局一回,向来要两块钱,现在倘使有熟客去征召,给她一块钱也可以了,不过仍旧要现开销的,和粤妓一样。这是幺二堂子的新章程。

从前幺二堂子,都聚居在公共租界棋盘街、横街和鸡鸭弄一带,自从抽签禁娼以后,她们早已乔迁到法租界去了。

白板对煞

麻雀牌中有白板四只,譬如甲客得两只,乙客也得两只,大家等碰而偏偏不来,此名"白板对煞"。

这一句话现在已移到妓院里来:一个妓女,同时有两个嫖客等她去销魂真个,也叫"白板对煞"。但是妓女越时髦,越会胡调,这种白板客人也越多,不知道是什么缘故?一说,因为时髦和爱胡调的妓女,其交际艺术必高,交际广了,转她念头的嫖客也必多,而有交情的嫖客多了,常常会演出"白板对煞"的活剧来。

坐房间

到三等倡寮(即野鸡堂子)和咸肉庄上去打茶围,照例须给她一块钱,才可小坐一回,调笑一次。她们还献上两盆东西,一湿一干,请你尝尝,她们自称"坐房间",又称"装干湿"。不过咸肉庄上是没有干湿东西给你吃的,只给你清茶一杯而已。

如果到二等倡寮(即幺二堂子)去打茶围,名叫"移茶",临走时候也须给她一块钱。倘使到头等倡寮（即长三堂子）去玩玩，如果彼此相熟，不但不要给钱，而且还要供给你香烟、糖果和点心。同是打茶围，也有种种的分别呢！

吃剩的姨太太

有寄生姆妈者，继薛大块头之后而执皮条界的牛耳，一般痴男怨女都奉若神明，交际之广、神通之大，确与当年的薛大块头相像。其魔力着实不小，每天在路上碰见熟客，她必道："有一位'吃剩的小老婆'，吾来介绍你，你要么？"更逞其口辩，说得这位"吃剩的"如何地姣艳，如何地风骚。或者熟客谦逊道："要是要的，可惜吾是穷措大，日常生活还不能维持，那有余力来周旋？对不起，只好敬谢不敏了。"她才悻悻而去。

从前有一个叫化子，每天晚上在各大公馆门口，直着一只破喉咙嚷道："老爷，人太，有什么吃剩的燕窝人参，做做好事，拨给穷人吃吧……"吾们尝叹为趣事。今又有"吃剩的小老婆"，可说一声无独有偶了，呵呵！

牛奶总统

民九（即庚申年）春间，有企妹牛奶糖公司因欲推销糖果起见，特举行花选，名曰"企妹香国选举大会"。租赁永安公司天韵楼一角地举行，聘请张桐花（一鸣）氏为选政主任，更假吴书箴主办的《电光日报》为选举机关，每天在报上刊载诸妓照相和选举消息。等到三月十六日开票，琴寓老六当选为大总统，乐情和陈第当选为副总统，琴楼当选为国务总理。发表以后，由企妹公司赠给琴寓新式大铜床一只、柚木西式家具一房间，乐情与陈第各赠柚木西式衣橱一座、梳妆台一只、沙发睡榻一件，琴楼也赠梳妆台、沙发等物。

琴寓虽荣幸当选花界总统，但事后一般人都目为"牛奶总统"，可谓趣极，因这个高位置是由牛奶糖公司所产生的缘故。今事隔多年，赫赫的总统、总理不知到那里去了，《电光日报》也早已停版了，吴书箴、张桐花也相继故世了，使人偶一忆及，不禁兴沧桑之感。

倡门中的口头禅

倡门中的术语已刊入本书上集，兹篇所记系倡门中常用的口头禅。

客人在妓家赌博摆酒，统名"做花头"，做过花头，以钱犒赏男女仆役曰"下脚"，称男女仆役曰"做手"，逢节迁移曰"调头"。客人不赌博而只摆花酒曰"赤脚酒"。妓女擅将客人的钱物拿去曰"抄小货"，额外向客人需索曰"开条斧"（"开条斧"三字，本是白相人口中习用的切口）。客人允许做花头而临时失约，曰"唱滩簧"。逢节向客人索取手巾钿，曰"吃粢饭团"。生客初次到幺二妓院去游逛，院中各妓都一齐出来听客拣选，曰"移茶"。骂起人来时常带着"接告"两字，客到花烟间去行乐曰"跳老虫"，客到幺二和野鸡妓院去过夜曰"夜厢"。

年年十六岁

娼门习惯,花姑娘的芳龄,不论她已十八、九或廿二、三,如果嫖客问起来,她必以多报少,答道十六岁。倘使今年碰见她,她说十六;明年再碰见她,仍旧说十六,故有年年十六,一律十六之称。因为不论那一家花姑娘都是如此说法,年龄以多报少,已为娼门中的普遍习惯。前闻某老鸨说:"不是吾们要说谎,因为客人方面大都欢喜二八妙龄的花姑娘,故不得不如此说法。"二八者,适为十六之数。

搭壳子

什么叫"搭壳子"呢? 就是追逐异性的代名词,俗语叫"钉梢",掉句歇后语,叫"甲乙丙……"

这"搭壳子"三字,现在已盛行于白相人的口中,他们见了面,必问:"今天搭着什么壳子?"倘使对方钉到一位漂亮的摩登妇女,必回答道"一只美丽牌",如果钉着一个丑陋的异性,他们又叹口气道"一只强盗牌",表示他们的失意和怨望。也有人到旅馆里去开房间,向茶房道:"有漂亮的壳子么? 喊一只来玩玩。"这简直叫异性为"壳子"了。

人兔子

人而曰"兔",可谓卑贱之极。玩"兔"的调调儿,从前本盛行于北方。一般无耻之徒，自愿降低人格，做这项像姑相公的丑业，很多很多。不过其间，并非出于自愿，由环境造成的也不少（与卖淫女子非个个自愿的相同）。民国以后，这项丑业已慢慢地衰落了。

上海的"人兔"，在民国二年间已经发现过。那时作者初入报界，一天编辑部中接到邮差送来一份请束式的传单，一面刊着"人兔"的小照，一面刊着肉麻当有趣的启事，后刊"兔窟"的住址。启事里面无非说这只"人兔"生得如何俊秀、招待如何周到，他们底意思是欢迎吾们去尝试。那时沪上的淫风不及现在炽盛，卖娼的花样也不如现在的多，玩"兔"这个调调儿谁愿去干？因此不久他们就偃旗息鼓，无影无踪了。

不料最近五六年间，这种"男风"又大盛起来，他们的装饰儿已完全女化，且也涂脂抹粉，骚形怪状，乍见之下，殊不易辨别雌雄。而且仿效淌白办法，在那游戏场、各公园里蹀躞往来，飞眼媚人，以待断袖癖者和好奇人的青睐。他们也印好像窑姑娘一般的小卡片，派人在妓院中、旅馆里随时分送，片上印明"兔窟"的所在地，玩者可按图索骥，登门去打茶围。在旅馆、酒肆中，也可书条叫来，随便玩玩。

租界行政当局为维持风化起见，如果撞见"人兔"，拘罚惩办，不遗馀力。但拘罚尽管拘罚，这种恶风气并不见得稍灭，原因于生活的逼迫，或其它恶劣环境所造成，真正自愿作践的恐怕也不多罢！

流动的卖娼

各旅馆中，都有卖娼妇女混迹其间。卖娼之中，有淌白，有野鸡。她们与茶房有相当的联络，每到夜分都不召而来，如果客人临时看中了她，讲定价格即可真个销魂，由茶房作媒介的也有。如找不到客人，她们或在走廊中蹀躞往来，或和茶房随意闲谈，等到深夜没有主顾，她们才失望归去。

这种妓女，可名谓"流动的卖娼"，除去流动按摩、流动卖唱以外，这是第三种的流动生意。

神秘的摺扇

去年夏天，作者在福州路（即四马路）上走过，看见一个卖摺扇者，手里拿着一把摺扇，口里嚷道："无毡无扇，神仙难变。"作者听了，莫明其究竟，上前问他有好的摺扇吗？他连忙从背袋中取出一扇。瞧之扇面有画，涂着彩色，作牛女双星会，横隔一天河，微云相接，意境缠绵，两星相视作斜睨状，画为石印板，很工细精致，讨价一元。作者因价太贵掉头而去，卖摺扇人又说道："先生……请你再细细地瞧一瞧，究竟值不值……"复略一翻看，则画之正面竟一变而为妖精打架图，于是神秘尽露。后闻此扇至少要卖八角一把，如没有神秘的色彩，至多二三角足了，因此之故，一般买主多存好奇心，纷纷购买，十几把摺扇顷刻而尽。唉！神秘的摺扇。

宁波堂子

海上的宁波堂子出现到今,不过几年光景,她们是没有固定的艳窟,都租借旅馆房间为驻足地,如浙江路之神州、三马路之老东方和亚洲,以及湖北路之乐群等各旅馆,都是她们的大本营(法租界有几处旅馆也有)。她们在旅馆中,常年包定一个(或二个)房间,也有"做手"和老鸨,也同长三、幺二一样,欢迎客人去"做花头"(即碰和摆酒)。倘使嫖客看中了一个妓女,希望和她真个销魂,到了成熟时期,必须另外去开一间同圆好梦。她们堂子里,因为地小人多,借干铺也不能,莫想借湿铺了("湿铺"两字,要意会的)。

海上娼门除去私娼外,都要向当局报名纳捐,领取执照,才可营业(一作淫业)。而此种宁波堂子都未纳捐,以故她们虽公然做生意,其实也是一种私娼而已。

到宁波堂子去"做花头",其代价比较在长三倡寮便宜得多,而且叫堂差是照例不给代价的,她们的唯一收入,只希望嫖客去多"做花头"。

神秘之街的一角

一条北四川路,人们都目为神秘之街,因为这条路上的玩意确实很多,不论玩的,喝的、嫖的、赌的,色色俱有,且都带些秘密色彩,故曰"神秘之街",可以当之而无愧了。

靶子路朝北一带,简直像××人的殖民地,东洋的咸肉庄也有多家(罗宋咸肉庄也有)。她们的房屋很狭小,设备很简单,大都租赁一间楼面,摆了两三只木床和一些家具,雇了一个老妈子。一间楼面又分为两截,中间不用木板隔开,只用一块色布遮蔽而已。

她们的生意来源,雇好一班临时介绍人拉拢(即领港朋友),也有用黄包车夫为响导的。他们每天下午在那人行道上,踱蹀往来,鬼头鬼脑,看见一个衣服漂亮的人走过,他们在背后轻轻地说道:"先生……阿要领你到东洋堂子和罗宋堂子去白相相。"事成以后,他们拿取回佣,以作报酬。至于打炮代价,漫无规定的,都是因人而施,从二块钱到四五块为止,"夜厢"则四块以上、六块以下。

还有一种黄包车夫,临时改充皮条掮客,他们拉着车子,在路旁缓缓而行,你如果向他瞧瞧,它即低声说道:"先生……阿要拉你到东洋堂子、罗宋堂子去白相,请先生随便吧!"他们名虽拉车,止当乘客倒不在心上,专以拉拢两性接触为目的,事成以后也拿取回佣,回佣数目大概以二八为多(即妓寮方面拿八,介绍人拿二成)。

到罗宋庄上去白相,代价比较东洋庄来得昂贵一点,想是她们挂着外国姑娘的招牌,不得不提高其"肉"价了。

阔哉包客

一班肉食之徒逛逛倡门、嫖嫖堂子,对于性的方面还嫌着玩得不能畅快和满足,索性包一个私娼或公妓,作为长时间的泄欲场所,这玩意儿叫作"包客"。

包客的唯一义务,对于她每个月的生活费完全由这个包客负担,数目从几十块起到几百块都无一定的,要看她面貌妍媸和身份高下而定。包了下来,不许她们再和别客发生关系,这一块禁脔只有包客可以大啖而独啖了。

不过话虽如此,其实倡门中人都是水性杨花,贪多不厌的,你虽包了她,在势也不能够一辈子日夜看守她;她们觑你出外了,或这夜因事不来,她们就会对你不起,要和别的嫖客鬼混,寻些外快了。在包客方面,自命虽夸称独尝这块肥肉,不许旁人染指,故化掉许多大洋钿也是情情愿愿的。不过在她们看来,仍旧要叫你一声"冤大头"和"大洋盘"哩!

花烟间

卖性妇女中有一种烟妓,比较雉妓还要低一等,差不多要算最下等的娼妓了。她们的所在地不叫堂子,是叫"花烟间",从前的小东门和兰芳里、磨坊街、打狗桥几处,都是她们的大本营。

怎样叫做"花烟间"呢?因为嫖客到门,她们拿出一盒用肉皮料子熬成的鸦片烟请客吸食,一面吸烟,一面调笑,等到臭烟(这种烟都是臭而不可闻的)吸完,手巾揩过,就此送客,客人只给她小洋二毛铜元十枚。如果要住夜,只须一元二角足了。姿容稍为动人一些的烟妓,一天到晚要关上十回八回房门,也常有的事。请问这种人物,有毒没毒,那可不辩自明了。

到花烟间去的嫖客,大约可分二种:一种是车夫、挑夫和小贩一类,他们因为经济关系,嫖不起上等娼妓,只好将就将就;一种是初到上海的土老码子,偶然在她门口走过,被这班烟妓用绑票式的手段架进去,要走也走不脱身,只好谨遵台命,赶一次合作的把戏。

自从鸦片严禁以后,她们已不用臭烟来敬客(现在改用什么东西,未尝去实地调查,只得从缺),不过人们说惯了嘴,现今说起来,仍旧叫她"花烟间"和"烟妓"。

她们的房子都在沿马路或弄堂里边,一只扶梯装在大门口,凡是花烟间,差不多十家倒有九家是一样的装设,也算她们的一种特别标帜。

女相士

相面先生本是走江湖生意之一,他们的秘诀就是讨取口风和阿谀吹拍为能事,确能善观气色断人祸福者,恐百不得一,而相面中尤以女相士为最可笑、最可鄙。

她们既称女相家,刊登广告、印发传单,倘用"相术神奇"四字来号召,还说得过去,然而她们却标着"天仙化人",请问"天仙化人"和相面有什么关系?照她说来,简直不像替人相面,是卖色一流了。她们对于顾客又十分地迁就,不论在妓院里、旅馆里、菜馆里,只消打一个电话去,她们立刻会姗姗其来,移玉就教,而且"相金两元,出门不加"。因此一般好色和好奇的只要牺牲两块大洋钿,就可饱餐"天仙化人"女相家的秀色,恭聆一番娇滴滴、软绵绵,使人肉麻当有趣的妙论了,真是便宜。

自从去年闻莺女相士被人谋毙的血案爆发后，女相士的内幕和本来面目已完全显露，揭穿无遗。

作者旧箧中，现在还藏着菱清女相士传单一张，用桃林纸红墨印的，下有菱清、闻莺合摄的艳影，上面载着"诸君欲问前程，可以随请随到"，"并有慧心兰质的闻莺女郎同来，善观手相，相法奥妙神奇，能挽回造化，看了包你得意"这种措词，可谓香艳无比，夸大之至。尤妙在末句"包你得意"四个字，是十分地有含蓄，一般不得意的朋友们要想得意开心，快点去领教罢！

一杯茶值五大元

到有女招待（即女茶房）的游艺场去白相，不论在那一个场子里，你只要站一站脚，或在椅凳上摆一摆屁股，她们就会将热手巾递上来。一把不领情，再来一回；一个不领情，再换一人，等到你领情了，一杯（玻璃杯）热茶就泡上来。这杯茶的价值是规定的，起码要给它小洋二毛，倘使碰到不识相的乡下土老少给她一点，她们不客气的就要和你争论，非补足二毛不可。

还有一班醉翁之意的游客，临时看中了一位女招待，临走当口给她一块钱，她们才说一声"谢谢"；如果接连去三四次，每次都给一块钱，彼时她们也会意，以后就可进行秘密谈判，至是否成熟要看各人的手段怎样。

去年某游艺场来了一位公子哥儿，看中了一个花枝招展、十分骚媚的女招待。第一回泡茶就着了魔，临走时候给她五块钱，只落得"谢谢侬"三字，以后接二连三去泡了几杯茶，每回都给五块钱。后来这位公子哥儿和那个女招待居然情侣双双,在某大旅馆圆了好梦。据说公子哥儿在她身上化了几百块钱呢,同时一班姊妹淘(即在一个游艺场里充女招待的)都个个艳羡这个女招待的幸运不浅。她们说,一两块大洋钿吃一杯茶的醉翁客人是常有的事,也没有什么希罕,如以五大元的代价抵偿一杯茶钿,才是幸运的事呀!

有女招待的游戏场,以永安、先施、新新三家最多,她们没有工资的,全靠外快收入。且一般老茶客,叫唤这班女招待都叫"玻璃杯",那么简直用物名来代替人名了。

一席菜值三百元

常言说得好:"生在苏州,穿在杭州,吃在广州,死在柳州。"因为广东人对于别的问题都满不在乎,惟独对于吃的问题,是非常华贵、非常考究,一席酒菜值到几百块,一碗鱼翅值到二十块以上,在广东人看来很平常希松的事,以故"吃在广州"一句俗语,早已脍炙于人口了。

上海菜馆,要算广东馆子最多,整席菜肴的价目也最大。最上等的一席菜定价要三百元,在吾们一般穷小子看来岂不要啧啧称奇,而在他们馆子里既然有此名目,必定有人来尝试的。据说这种奢侈豪贵的菜肴价值在五十元以上,菜的原料是屏除猪羊鸡鸭常见的肉类,都用山珍海错、奇禽异兽等贵重之品,价值越大,选用的原料也越贵。古人说:"富家一席酒,穷汉半年粮。"若以三百元一席的菜肴而论,要超过穷汉好几年的粮食了。

两个字值六十文

"两个字,六十钿。有疑难,试试看。"这种声调是靠在墙壁下摆拆字摊的朋友嚷着的口号,只消牺牲六只铜板,就可以解决人们的疑难大事。这种便宜很是难得,不过拆过以后灵验与不灵验,拆字先生当然是不负责任的,我来代替他们声明一下。

讲到拆字,其间也大有分别:跑茶馆,摆摊头,是起码朋友干的,故两个字大廉价而特廉价,只卖六十文;还有一种上等朋友,租好一间店面,或在大旅社开好一个房间,挂了拆字招牌,去拆两个字,至少要小洋四毛。还有一位严芙孙仁兄,他干的叫什么"葫芦测字",两个字要取润二元二角,比较"六十钿,试试看"要昂贵到几十倍呢!

翁梅倩沿街卖唱

提起"翁梅倩"三字,凡老于花丛和老于顾曲者,她的声名都能道及。她一生遭遇和已故林黛玉仿佛,黛玉由妓而伶,复由伶而妓,并且一再从良,一再下堂,翁梅倩反反复复,确与老林有几分相像处。不过林则早已瞑目长逝,盖棺论定,翁则犹在人世,沦为沿街卖唱,作乞儿式的生涯。想起从前的一切一切,当不胜其沧桑之感。

三十年前,翁在安康里为妓,榜其居曰"一树梅花馆"(当时倡门风气都自称什么仙馆和什么馆之类),灯笼上面,下粘"公务正堂"，也书"一树梅花馆"五字，每夜乘坐飞轿出堂差，很为路人注目，固一赫赫有名的红妓。后来几次下嫁，几次下堂，都无善果。她本有一副好嗓子，后在四马路胡家宅群仙髦儿戏馆唱戏，饰须生一角，颇得顾曲家赏识，等到群仙歇业，才停止演唱。民七在新世界髦儿班里也露过一次脸，那时候的风头已远逊于从前了。

现在她年纪大了，又吃上了鸦片烟，做妓女、做伶工都不可能，于是不得已每夜挟着一只胡琴，在弄堂里、马路边沿路卖唱，跑来跑去，希图赚几只角子的利益以维持她的苦生活。

出卖淫书

卖淫书卖淫画是向干例禁的，一旦失了风拘到法院里，就要按律惩办。但是惩办尽管惩办，出卖依然出卖，这般小贩商，好像不做淫书生意就没有其它营业可干了。

在某一时间里，他们竟公然设了一个摊，摆出许多淫书，如《杏花天》、《灯草和尚》、《性史》、《性艺》、《肉蒲团》等一类书籍，印刷很恶劣，讨价却甚贵。譬如一本书，他说五毛钱，你还价一毛，他就卖了。故每天能卖出三四本，他们的生活就可以解决。后来当局拘捕得很严厉，他们才改变方针，不敢公然出卖，将各种淫书暗里藏好，摊头上摆出几本很通俗的小说，不过这种书都是纸张变色、封面破碎的本子，他们的意思并非要买客来买，不过装装幌子，避避耳目。人们经过其地，偶然站住了脚，瞧它一瞧，他就轻轻地说道："先生，有好的书在包里，阿要买一本看看。"这是他们做生意的暗门槛，所说"好书"就是《杏花天》、《灯草和尚》……一类而已。

小叫天之荣辱

须生大王小叫天，真名姓是谭鑫培，后来废除别名，用真名姓登台。他来沪演唱的次数共有多少，已记不清楚，姑且阙略。某年来沪，在黄楚九经理的醒舞台演唱（即在二马路浙江路口，现在拆造改建永安新屋）。一天排演《盗魂铃》，反串猪悟能，被一姓李的看客喝上一声倒彩，黄经理大怒，嗾令众茶房轧到账房间，打了两记耳光。此事发生后，被郑正秋在主编之《图画剧报》上大肆攻击，郑先生说："看客喝好喝歹，是绝对的自由，那可喝了一声倒彩，就有挨打之理。"当时都说："谭大王倒楣，郑正秋义侠。"

最后一次来沪，在九亩地新舞台演唱，前后共唱十夜，彼时风头之健可谓无与伦比，每天到三四时光景已有不少看客来了，他们情愿挨着饿赶来占据好座位。他的爱婿夏月润八老板，每夜亲自在台上照头。某夜演《空城计》，夏月珊和邱治云师徒两人分饰老军，每出戏刚刚演完，还未走入后台，已由夏氏昆仲扶掖进场，此时之谭大王可谓荣耀极了。这趟去后，隔不多时，即在北平逝世。

谭鑫培前曾供职内廷，故有"谭供奉"之号。庚子拳匪乱后，他正和赛金花过着同居生活，当时他的幸运也红到极点，有人编一竹枝词，曾记其事，末二句说："世人不管兴亡事，满城争说叫天儿。"的是纪实。

女裁缝

海上裁制衣裳的工匠,除普通缝工(即苏、广成衣匠)、红帮缝工(即专做西服及大衣工匠)外,还有一种女裁缝。

女裁缝并不自己开设店铺,人们要请教她,她会上门来做,只要供给她饭食,每一块钱可做四工。不过她们的手术技能总比男缝工低劣,故叫女裁缝做工,都属于布衣服和小孩服装,还可勉强应付;倘使上等绸缎衣和皮衣服,她们便要逊谢不敏了。

缝穷妇

缝穷一业,大半是江北籍妇人充之。她们臂膊上挽了一只竹篮和一只小凳子,篮中放着剪刀、竹尺、线团和碎布之类,在路上走来走去的兜揽生意。她们的主要营业是替人缝袜底做脱线和补缀衣服上的破洞眼。

店家的伙友、厂中的工友与商铺中的学徒,因为妻室和家长不在上海,故缝袜底和补衣服等工作都要叫缝穷去做,因此缝穷的生意也很好。至缝穷两字的解释,是专门替代穷人做工,故名"缝穷"。干这种活计的妇人,如果要统计一下,为数却着实不少。据说,还有一种年轻浪漫的缝穷妇,面上傅着香粉、画着眉毛,妖形怪状地出来勾引穿短衣服的急色儿,圆其好梦,以图得些外快，遂她的欲望。果有这种丑行为，实以缝穷为正业，"卖肉"为副业了。

野鸡大学

年来各种事业都受着不景气的潮流，处处显出紧缩和衰弱的状态，独有开设什么大学和什么学院的，反如雨后春笋，蓬勃怒发。你瞧，每回到了招生时候，翻开报纸来看一下，大学和学院之多足使你记不胜记、数不胜数。

大学既多，表面上足见吾国教育的发达，求高深教育的人多，但是骨子里却并不如此简单，因为这种不良大学校，人们在它上面加着"野鸡"两字，变成"野鸡大学"了。本来大学是学府的最高机关，神圣尊严，万民瞩目，那能可以诋谓"野鸡大学"呢？岂不罪过吗？其实办这种大学的人，他们的宗旨完全如交易所一样，以营业为目的，故对于校舍务求美观轩敞，对于学费则高昂非常，对于学生纯取放任主义，因此训育和教育都马马虎虎，寄宿学生可以出外住旅馆，上课点名可由他人代之，学生成绩怎样，他们也不注意。等到修业完毕，再马马虎虎给他一顶方帽子、一纸卒业文凭，就算尽他们的责任了。

他们的内幕如是而已，莫怪人们要呼他为"野鸡大学"了，真是可叹！不过全上海的大学校和大学院，成绩优良、管理严谨的，确也不少，并非一概如是，那是作者要声明的。

某日《新闻报》茶话栏小记者作的《救这个大学生》一篇文字，劈头说道："现在的大学，真是一个陷人的坑阱。"这两句话，可谓慨乎其言之了。

大学生

"大学生"三个字是多么高贵的名称,社会上的眼光,对于这高贵的大学生也非常地重视,好像清朝科举时代对待举人、进士、翰林一样地重视。因为一个小孩子要从幼稚园起一直读到大学生,实在不是一件容易的事,他家里的老子要负担着一笔很大很大的教育费,才可以养成一个大学生。差不多的穷老子要想儿子到中学去攻读,已经是力不胜任了,那有力量培植到大学里去!做到了大学生,已有相当的学识,家里的老子也必定很有几个钱。有此两种原因,故人们要啧啧称羡,非常重视了。

大学生是攻读高深的学科,且以未来的主人翁自居,应如何地专心一志,孜孜研求,日以继夜的探讨,将来才有学成致用的希望。不料现在的一般大学生,都以荒唐自务,如跳舞、赌博、嫖妓、斩咸肉、住栈房等种种嗜好,他们都染上了,而且呼朋引类,竞事征逐,习以为常。什么是攻读,什么是学问,他们都一概置之脑后,等到毕业时候,骗着一顶方帽子、一张卒业文凭,就算责任已尽。这种病根,要归咎于野鸡大学所造成,因为这种大学对于学生方面凤抱放任主义,其他教育与训育更糊里糊涂马马虎虎的过去,以致酿成此不幸的现象。但是从好的方面说,优良的刻苦的大学生未尝是没有,不过这种荒唐的大学生确也不在少数呢!

镀金博士

一班专鹜虚名、不求实学的外国留学生，到外国去厮混了几年，骗到一张文凭和一顶方帽子，神气活现的归来，足以摆摆威风、骄骄妻子，倘使要试验其实在学问，可谓一点儿没有，时人称这类留学归国的学生叫"镀金博士"，可谓慨乎其言之了。

每年到东西洋各国求学的留学生，不知道有多少，可是希望他们学成归国为国家、为社会而服务的，简直不多见，要想造就些真正道地的赤金博士，更如凤毛麟角，大多数只带着镀金博士的头衔而已。

一只花瓶

在各机关各公司服务的女职员，人们都鄙视她为"花瓶"。花瓶也者，只不过客室中的一种陈设，只能玩赏，不能实用。喻女职员为花瓶，也不过是说供给人们玩玩而已。

吾们平心而论，女职员专在服装上面用工夫，不在业务上求进步，每天涂了脂，画了眉，洒了香水，穿了奇装异服，妖妖娆娆的进出，确是不少，如果晋以"花瓶"，也可当之而无愧。倘有朴实无华，在业务上尽职的女职员，也称她"花瓶"，岂非是侮辱女性吗？但是上海之大、女职员之多，如果要求其没有花瓶资格的，倒简直很少咧！

包房间

这"包房间"三个字，不是倡寮中的名称（妓院中的组织有包房间和自己铺房间的区别），是一种交际灵活、朋友很多的人物。在各大旅馆中，长年租定一个房间，为赌博征逐之地（也有私售鸦片烟者），每天所得的头钿，维持他的生活，这就是所谓"包房间"了。在这种地方，可以雀战，可以饮酒，可以洗澡，可以叫堂差，还可以吸烟。它的内幕和总会差不多，不过它的组织比较总会更简单些，因为他们都没有照会。

他们因为是长年主顾，在房金上又可打一特别折扣；旅馆老板因它是长年租定的房间，对于他们也非常欢迎。这种包房间的主顾，在各大旅馆中，每家必有好几个，已成为现在流行的一种新事业了。

霞飞路上俄国化

法租界上有一条很长很宽的马路名叫霞飞路，不过此路在欧战以前不叫霞飞路而称宝昌路。自从欧战告终，法侨因欲纪念他们霞飞将军的功绩起见，特将全路改为霞飞路，以示永永不忘之意。

此路因地居法租界中段，交通便利，路旁又树木葱茏，风景很佳，因此有钱阶级都僦居于此，而俄侨也独多（与北四川路独多日侨相同）。他们所经营的各色业务，如药房、杂货店、酒排间、宵夜馆、跳舞场、按摩院、理发店、公寓，一应俱有，而俄国的乞丐,在路上踯躅往来、追逐乞讨也不少。还有健而肥的俄国妇女,搽了很厚的香粉,擦了很艳的口红,在夜色苍茫里走来走去,竟触目皆是。现象如此,岂不成为霞飞路上的俄国化吗?

流浪的白俄

现在的苏联是赤色当道,而白色份子当然不容于祖国,迫不得已,转辗南来,流浪于沪上,其数很多。他们男性的,除了一部分充作要人、闻人保镖外,大多数都经营小商店,霞飞路上俄国式的理发店、咖啡店、杂货店、小卖店,都是此辈开设,低一级的,或徘徊街头贩卖毡毯布疋,或在路隅替人揩拭皮鞋和出卖除渍油膏的也很多。女性的,不外充作按摩院的摩女,舞场中的舞女,以及咸肉庄上的活肉。

还有真正穷无所归的,也有流为钉巴的乞丐了。人们莫小觑他们,这班流浪的白俄,从前执着政权时代,都是皇亲国戚,或是做过大官的,倘使一一地考查起来,数量着实不少呢!

邮局门前的苦力

北苏州路的邮政总局,除雇定的苦力外,还天天需要一班临时雇用的苦力,在苦力自己说是"打野鸡"。因此每天必有许多衣衫褴褛、蓬头垢面的苦同胞,愁眉双锁地站在邮局门前,伸头张目,等待司阍人的号纸快些抛出来。等到看见司阍走出,把手一举,这班可怜虫像饿虎吞狼般一拥上前将司阍人紧紧地包围起来,司阍手里的号纸向空中一抛,纷纷落地,只看见尘烟四起,抢声震耳,互相争夺和践踏,一群黑手在那地上乱摸乱拿,拿到的人面有喜色地跑进去工作了,没有拿着的人只好哭不出、笑不来,垂头丧气退回河边,再等候第二次的抛纸。

唉!他们为的什么?都是面包问题。一小时的劳苦工作虽只有二三毛钱的代价,但是在他们已足够三餐无忧,一天混过了。

邮包公司

外埠各商号派驻沪上的办货客人,购好了货要寄出去,大半都委托邮包公司代寄,因为自己不明白递寄手续,而门槛又不精,故情愿除去每包贴足邮票外,再给手续费若干,交付他们代寄。

现在邮包公司也有好几十家,他们专以代人寄包为业务。譬如有一种包裹,数目为二百包,只消贴足邮票,完全交给公司代寄,至寄递时的验关等一应手续,他们都完全负责,而且很便当,很快捷,如欲自己一次去寄数百包的包裹,实在麻烦得很,因此客户方面情愿多出一注手续费,叫他们代寄了。

最早开设的一家邮包公司,是一个旅馆茶房,因为办货客人都住在旅馆里,购好了货,叫茶房到邮局代寄,另给车资和酒钱。后来包裹越寄越多,这位茶房就舍弃本来职务,开设一家邮包公司,专替代客人寄包。现在这位茶房老板,已积资十余万金,面团团作富家翁了。

味莼园

二十年前海上的园林，最著名而公开的要算张园、愚园、徐园三处，那时候南市的半淞园还未建设，法租界的法国公园和公共租界的各公园也未开放，故张、愚、徐三园称为最著名的园林了。到了现在，只有康脑脱路的徐园（该园最早在北福建路唐家弄，后来迁到康脑脱路）还存留着，亿定盘路的愚园久已收归私人所有，张园里边的大洋房和园地早已拆除的拆除改造的改造，人们行经其间，徒增一层感触和彷徨而已。

张园又名味莼园，地处静安寺路西端，入门一片广场，左右满植树木；再进一座高大洋楼，名安垲第，洋楼后面有弹子房。该园的点缀虽不多，但当初的吸引力则很大，达官贵人和青楼红姑娘都常来园游览，入门不须门券，进安垲第品茗吃东西，另给代价和小账。那时候逢到开什么会、欢迎什么要人，都借安垲第为会所，因为该园交通适中，又有广大的洋楼，上下可容几千人，临时借此开会是最适宜不过的。曾经到过张园安垲第的人，现在追想起来，不禁兴沧桑之感了。

新世界的隧道

已故黄楚九氏为创办游戏场的始祖，最先组织楼外楼，后来脱离该楼，复集股在泥城桥西塊跑马厅旁，创设大规模的游戏场，名"新世界"。过了三年，因与股东意见不睦，再脱离新世界而创办大世界。自后新世界归并经营三氏独力开设，又添设北部,特在马路底下建筑隧道,以便游客随意往返。隧道里面都用瓷砖镶砌而成,费逾巨万,而游客方面只费两角小洋,可玩南北两部,甚是值得。当初经氏之意,欲与黄楚九竞争,不惜牺牲巨大的资本,后来因两部开销很大,而门券又不能涨价,因此四五年之间,亏耗达数十万元之多,卒至闭歇。今南部早已改设新世界饭店,现在仅北部由他人租开游戏场,也时开时闭,而马路下面的隧道久已闭塞而不能通行了。

尿坑上的招贴

随便走到那一处公坑里边去小便,抬起脑袋来瞧瞧,出卖花柳药的××堂、××局的招贴,总是红红绿绿,密如繁星般的粘着,使人看了目为之迷。他们的招贴上说,专医下疳、白浊、横痃、梅毒、阳痿、白带一类的病症。他们的医术,必说"负责断根,无碍生育"、"当天见功,七天全愈"、"保不开刀"、"永不复发"等许多夸大名词,各局各堂的措词都是大同小异,没有什么大分别。

吾们看了这许多红红绿绿的尿坑上的招贴,可知花柳医生之多和性病之广。但是据熟悉内幕者说,他们所诩的"当天见功,七天全愈"等神技都用轻粉倒提,功效果然很快,不过用这种医法治愈的人,后来都要复发的,一旦复发了就要有生命的危险。

至于说"保不开刀"一层,也有些靠不住罢!今年春季,有一个浴室堂倌某甲患着横痃,请教法租界东新桥街一位什么堂的医生治疗。医生用刀开割,不料手术不精,误断血管,顷刻血流满地，倒地不起，某甲的性命就此呜呼尚飨。这一件惨事发生以后，曾登载当时各日报，某甲的家属因此和这位医生提起诉讼，后来不知道怎样了结。唉！

屋顶上的八卦

上海人真好迷信，样样有忌讳、件件有风水，甚而屋顶上面也钉着一块八卦，更有连小方镜一面一同钉着的。如果细心地考察一下，十家之中倒有一大半玩着这套把戏。他们说钉八卦因为对过房子冲碰很不吉利，如不钉它一钉，包管你晦气星进门，一年四季，会闹成家宅不安、鸡犬不宁，钉了以后，可以驱邪降福；事事如意了。也有在八卦旁边竖立着几只空酒瓶那更不知其作什么玩意，有人说，竖立空瓶当作炮弹，以为镇煞。外国人不讲风水和忌讳的，他们不但不倒楣，更且国富民强。吾们一班浅薄的中国人，事事讲忌讳，好迷信，反而降做了次殖民地的可怜虫。

不过吾说的上海人，并非真正道地的上海人，因为上海地方真正上海人的确很少，都是各省各埠来寄籍的假上海人，反而独多。

外白渡桥

清朝咸丰初年，英国人某甲建筑大桥于吴淞江上，桥堍有人看守，过桥的人每人纳制钱二文，车与轿加倍给资，行人虽嫌麻烦，也无可奈何。等到同治癸酉年间，此桥经工部局收买，而天后宫桥、里白渡桥、盆汤弄桥也相继建筑，从此过客概不收钱了。这座桥就是现在横跨苏州河、崇闳伟大、桥面铺设钢轨、日夜行驶电车的外白渡桥。

陆逊墓址

后汉三国时代，东吴有一位少年勇将陆逊，是继周瑜执掌水陆都督兵权的大人物，那知他的坟墓却在上海。当吾们走过静安寺路马霍路口，瞧见对面三四〇号的马房门上矗立着两个石人，里边即陆逊的墓址，那一对石人就是墓前的翁仲。但是现在坟墓没有了，早已改造马房了，他的一副枯骨究竟是否永埋在地下，或是已经迁葬它处，却一时没法去考证。

法国公园

法租界顾家宅地方，有一所法公董局所建的公园，人们都称它顾家宅花园。这个园林占地之广、布置之雅、树木之多、风景之胜，除却兆丰公园外，其它公园都比它不过。因此每天游客很多，尤其是在夏季，进进出出，不知道有多少。游客中间，有在树底花荫纳凉消夏，领略其天然风味，果然是很多；还有不少的痴男怨女，一对对、一双双的情话绵绵，偷偷摸摸地大演其活剧的也不少；而一班妓女更装扮得花枝招展地施行其勾搭手段、卖性政策，也如穿梭般的不绝。

公共租界共有四个公园，法租界方面只有这一个，且法国公园虽售门票，一元五张须一次用完，隔日即作废，所以大概都是预先买好常券（常券可用一年，计洋一元），才可随时入内游玩。公共租界上的公园，除出售常券外，还零售门票，每券二角，都从客便。

地 火

上海开埠不久，即有"自来火"的创制。那时候的人们都少见多怪，啧啧称奇，又因火从地下而来，故不名"自来火"而叫"地火"。地火的创制未几，又有西人立德创制电灯。初行时，吾国当道惑于谣诼之言，恐触电伤人，竟咨请西官禁止，后来知其有利无害，才取消禁令，其愚昧如此。当十八世纪时代，在上者和在下者多没有科学常识，每见西人有所设施，不辨利害，就群起非议，甚或目为异端邪行。今日思之，岂不要使人哑然失笑了。

民间有一句俗谚，叫作"铁树开花"。自从"自来火"盛行以后，人们又说铁树开花应验了。这种附会牵强之谈，果不值识者一笑哩！

电 话

电话的创制，起于清代光绪八年（壬午），迄今已五十多年。那时有英国人名皮晓浦者，初在租界区施行，分设南、北二局，南局在十六浦，北局在正丰街（即广东路）。惟彼时没有什么电话机，也不用摇铃报号，自动机更谈不到此，倘欲邀人对谈，自己到局里去，纳费十二文即可和人谈话，后因生意清淡经费不敷，就停办了。明年（即癸未年）天主堂神父法国人能慕谷重起创设，改用电话机，从徐家汇教堂达到英、法两租界各洋行，以便报告风雨气候。后来人们知其利便，就纷纷装设，直到如今，不过从几十号电话机开始，经过了几十年的过程，现在已到数万号了。

从前电话是先报号数，再由接线生接通，才可接谈；自从四年前一律改为自动机后，要通电话，只要知道对方的号码，自己拨一拨即可对谈，比较先报号数尤为便当。此交通利器为西人德律风氏所发明，故又叫德律风（"德律风"三字详见黄式权作的《旧上海笔记》）。

剑公按：据记者所知，电话系美国加拿大州人民名葛莱海姆培尔氏所发明，且"德律风"三字系英文 Telephone 之译音。若照英文之字义解释起来，前半 Tele 系作长距离之解，后半之 Phone 系作声音之解。如留声机器英文为 Gramaphone 有声电影内有 Vitaphone（即维太风），故黄式权所作《旧上海笔记》中强以"德律风"三字为发明电话者之人名，未免有些太武断而近乎杜撰了。容当于英文百科全书中将"电话"条详细译出，以饷阅者。

作者又按，吾友剑公先生所说亦有理由，故也附记于此，但究竟如何，以待博者来考证吧！

孔夫子

行驶外海的各大轮船，其船名都取地名，如"汉阳"、"南京"、"北京"、"台湾"、"安庆"、"顺天"、"奉天"、"吉林"等类。作者曾经询问船公司有什么取义？它说，"并无取义，不过欲其易于辨认而已。"

从前××公司有一轮船，专走长江各口的，题着"孔夫子"三字，用中国圣人而题船名却是别开生面，后来驶到湖北地方，触电击沉。一说，孔二先生不愿袭用他的尊称，因此大为震怒，立召天神天兵来击沉的，以示惩创。此又迹近神话，不足为据了。

小押当

小押当又名"押头店"，店主人以粤、桂两省人为最多，因为该两省地方向有"饷押"名称。创始时候，专备军人未曾领到饷银，暂将物品质钱以应急用，故名"饷押"。不过到了目下，其营业范围早已不限于军人，惟是相沿下来，"××饷押"的名称却未改变。

上海的小押当约共一千多家，他们取息向来以十日为一期，每期三分，期限以六个月为止。几十年前清侯爵左宗棠来沪，鉴于押当的重利盘剥，谕令一律押闭，此最为小押当倒楣时代。后来禁令一弛，仍旧陆续开张，直到如今。不过从前大都十日为一期的，现在也有改为一月了；十日取息三分的，也有改为一月三分了；六个月期限的，也多伸长到八个月十个月或十二个月了。

只有几家老押店依然率循旧章的也很多,他们的招牌,从前都写"××押",而且这"押"字写得特别大,现在早已改为"××当"了,以"押"字当市招的不很多见。小押当有时不察,误收赃物,逢到案发,法院派探往吊,本与利例不给还;质店与当店则给本不给息,此又两不相同。

依照现在国民政府规定的典当取息,每月不得超过二分。倘使月取三分,已是违法;若月取九分,更是违法之至了。他们的资本额,据说最少几千元,最大的须几万元到十几万元,都没有限止的,要看这爿押当营业范围的大小才决定资本的多寡。

老虎灶

老虎灶为出卖熟水的小商店,因为它一只煮水的灶头形式有些像虎,故名"老虎灶"。

他们的水价,从前因房价廉、煤价低,故很便宜,一个大钱就可购买一勺沸滚的熟水;到了现在,一钱一勺的熟水已涨到五钱了。他们铺子的地位,大都开设在弄堂门口或弄堂里边,以便居住弄里的人们来购水;稍为冷僻的马路旁也有开设的,不过是少数而已。他们营业时间,从清早六时起,直要到晚上十二点钟才打烊(即关闭店门),更有邻近下等娼寮的老虎灶,通夜不打烊的也有。有的下面是老虎灶卖水,里面和楼上卖茶,这种铺子多开在马路旁边的。在弄堂里的老虎灶,更有摆好一只橱和一只柜,兼卖香烟糖果杂物的。他们同业也有一个团体,名叫"水炉公所",逢到什么大事情,都到所里去开会讨论。

你们切莫讪笑开老虎灶是一种低微的商业，其实做这种生意的人尽多着发财呢！

诗谜候教

打诗谜，一名"抽字条"。这个玩意儿是一种文人的赌博，并且由来已久。清季时代我们到松江去应童子试，每到夜间，一班当地的赌徒在沿街沿弄摆了一个摊，引诱许多童生去赌博，不过那时候输赢有限，顶多只有一二千铜钱的进出罢了。

六七年前，为上海的诗谜风潮鼎盛时代，各游戏场内竟至鳞次栉比，触目皆是，连得壁角里、走路口都有摊头。他们的输赢，虽说是只有卷烟和游券，其实暗里也可用现货（即银洋）进出。同时更有人租了房屋，开设什么××诗社的也不少；又有人出了广告费，在报上登着"诗谜候教"的告白，那就索性公开的赌博了。后来各游戏场内的诗谜摊为当局取缔，才一律收束，租房设社的也陆续地减少（现在只有爱多亚路冠云诗社一家）。

到这种地方去玩，只消在摊旁站一站脚，他们的招待员就大献殷勤，劝你请坐。坐了下来，茶啊，卷烟啊，糖果呵，尽可不名一钱的随便饮、随便吃，那么一来，自己也觉得过意不去，只好出手下注了。不过玩这种赌博的，曾经在旧诗上面研究过的总便宜一些，且容易侥幸打中，如果不会作诗的，却要假充内行，胡乱下注，结果总是赢少输多。但是会作诗的也未必能条条打中，因为摆设诗谜摊人，都说他们的诗谜有来历而"对准古本"的，其实诗的东西浩如烟海，不论你怎样淹博，那能可以一一的读过而烂熟胸中呢？有时候逢到生句，也只好瞎打一阵，尝试尝试。

摆设诗谜摊或诗谜社的人，自己大都不会作诗的，他们的字条儿都须预先请好懂诗的文人做的，每百条给他几块钱的润笔。诗谜鼎盛当口，依靠作诗谜生活的文人也有好几十人，究竟这个诗谜是怎样的东西呢？今举出两条如下：

英才尽至〇	〇看白发新
曹齐陈秦韩　二	重惊同傀羞　三

上列两条诗谜是五言句（也有七言句和双声的），譬如第一条是"英才尽至〇"，末一字空了，句旁之"曹"、"齐"、"陈"、"秦"、"韩"都可随便嵌进去，一样地通顺，不过须押上二韵（齐）字才算中的，字条下面的"二"字即是抽出后押中的暗记。故未抽出以前，只露出上面诗句，下面的"二"字用纸套套住。第二条的诗句和第一条一例，但须押到第三韵（同）字才算中了。

他们对于押中的是以一配三，即一块钱下注，中了可得三块。这个玩意，岂非要懂旧诗的人才可以去尝试？可笑一般不懂诗的市侩和不识字的村夫也要强附风雅，假充内行去押诗谜、打字条，末了钱袋朝天，洋钱输光，他们还要笑你是一只头号的"大洋盘"。

好阔绰的大厂

花会决胜的总机关，名叫"大厂"（又名"大筒"），取名"厂"字的意义想必是范围广大的缘故，如各业工厂之类。一班赌徒要自己直接进厂去决雌雄，名曰"进封包"，每包下注数目没有肯定的，或每包十元，或五元，都随时酌定。

赌徒走到大厂相近，即有厂中招待人领你进去，先将封包交给账房，制取收据。时候一到，厂方的重要人手拿银匣，当众开视。匣中粘有预先写好的红纸，写明花会的名称（如占魁、扳桂等类）。譬如这筒开的是占魁，只闻一片占魁之声，洋洋盈耳，各赌徒封包字条上有占魁字样者，即为中的，于是欢笑着等待账房配钱，倘使包内没有"占魁"字样，即是"吃稍包"（即钱包已被吃去，喻不中之意），就垂头丧气地走出。

闻说从前不用银匣子，是用一顶轴子，轴子上面写好花会的名目。开筒时候，这轴子从高处吊下来的，现下宁绍一带乡僻地方仍旧用轴子吊下哩！

开什么

每天到了下午五、六点钟和晚上十一、二点钟时候，不论租界、华界，总有好几处地方聚拢了男男女女许多人，鹄立着，仰望着，一时的空气就会紧张起来，并且他们都不约而同地问道："开什么？""开什么？"读者们，你道这句问话是什么意思？就是花会日夜筒的报告，他们特地雇好几辆脚踏车（名叫"快马"），每次开筒以后，飞一般快的来报告开出的名目。这一班男女都是来探听消息的，得着了消息，再去转辗报告多数花会迷知道。"开什么"一句很平凡的问话里，却含着很多的悲剧和很少的喜剧哩！

现在华、租当局,对于花会很严厉的禁止,此后"开什么"的声浪总可以少闻了。

后门货

什么叫"后门货"呢?就是将别人的东西从后门口偷窃出来,半送半卖的卖给人家,这就叫"后门货"。做这种不道德的勾当,都属于管栈房的司事和商号里的老司务。因为这种后门货是不化本钱的东西,故卖给人家的时候都是半送半卖,俗语说:"偷来的东西不值钱。"这句话可谓形容尽致了。

还有一种店铺,专门收买这种便宜的后门货,不论吃的、着的、用的、玩的,都一古脑儿收买下来,然后再整理一下,分门别类的卖出去。这种生意因为本钱轻,利息厚,以故很有几家收买后门货的老板发了一注大财,面团团作富家翁了。

丢 圈

游戏场里有一种摊头,似赌博而非赌博,其法横列长桌一、二只,桌上罩以布单,杂陈钟表用品和各种玩物,每物旁边竖立尺许铁签,距离长桌五、六尺地方围绕绳栏。有人在栏外手拿木圈出卖,每一毛钱可购若干圈,立在栏外远远丢掷,木圈套中铁签,即能得彩,譬如套在钟旁的铁签,即得钟一只,其余依此类推,不过很不容易掷中。此种玩意名叫"丢圈",又叫"套圈"。

其实此项玩意儿创始很久,五十年以前已有发现了,不过当时没有游戏场,大都租赁空屋一间,屋内陈设如现下一样,每圈只卖钱十文。后来生意兴隆,争相开设,多至几十家,乃经官厅取缔,才各收场闭歇。

丢 票

市上的小押当,除掉重利盘剥外(押当取息大都每月作三期,每期取息二分至三分,也有月算的,不过少数而已),还有丢票的黑幕。丢票怎样丢法呢?即将满期呆货(如过时衣服和钟表杂物之类),因为没有主顾来交易,他们才施出丢票的诡计,写好一张质券丢在路上,路人拾得后,看看当期很近,又是衣服和钟表等应用的东西,欣欣然前往赎取。等到东西到手,瞧瞧有些不值得、不合用,要想依照原价当进去,那位押当伙计已不能答应你的要求了,换一家试试也是如此。因为这种东西都是落伍货、过时物,满了当期也没有人来交易,他们才想出这个丢票害人的诡计。

裱画店之换天头

裱画店之作弊相沿已久,逢到名人画件叫它装裱,它能牺牲少许金钱,托画家(这种画家都是能画而不著名的)依样画葫芦的临摹一幅,其它纸质、钤印都可摹仿,手续完毕,即可以伪乱真,并将真者藏起,伪者给人。物主虽欲分辩,苦不得到证据,只好忍气而退。除此以外,还有换天头之法。什么叫"换天头"呢?

譬如碰到一种名贵的古画，先用矾水发透，揭开为二，画的颜色，上层较浓、下层较淡，然后润以颜色，加以渲染，款识、印章都能脱胎，裱好以后，将上层的藏起，下层的给物主。这种秘法又叫"偷龙转凤"，纸张须夹贡宣纸方易着手。故有名人画宝交店装裱，不可不特别拣选诚实可靠的店铺，才能免受其欺。

贼　技

在那公共汽车、电车上和转弯抹角的拥挤地方，专在人们身畔偷钱夹、偷时表的窃贼，名叫"扒儿手"。他们也有师父传授，也须练习多年。练习时候，将一件绸长衫挂在壁间，袋中置放很沉重的皮夹一只，朝斯夕斯，要练习到将皮夹取出，挂在壁间的绸长衫一点儿不激动，才可毕业，贼师才允你出去放生意。最近因失风而吃官司的杨金奎和韩才狗，夙有"扒窃大王"之称，因他手法灵巧，能使人们失去了东西还不知不觉咧！

做这种扒窃的贼徒，从前本各有地域，分段行窃，故每一窃案出，比较的容易破案现在据说已不分地域，统一行窃了。

吃豆腐

"吃豆腐"三个字，是白相人口中的行话，他们说话的意思并非真的要吃什么豆腐，是吊女人膀子的隐语。吾们在那公园里边和游戏场里，常常听见"吃豆腐"的声浪，正是他们进行调戏女子的工作。不过逢到老练的女子，坦然回答道："老娘不开豆腐店,你们欢喜吃豆腐,快到豆腐店里去……"这几句话一说,就要吓退这班寻吃豆腐的白相人,不敢再施轻薄,因为知道对手方也是老白相,不容易逗引了。

还有一种人,以鲁仲连和响导自居,等到事情妥当后,须请他饮一回酒、吃一顿饭作为酬劳,他们的隐语也叫"吃豆腐"。豆腐是白的,象形取义,想是"吃白食"的意思。

最近吴稚晖老先生为了厂商荣宗敬周转不灵事,致书实业部陈公博部长请求维持,信中第四句即说:"中国吃豆腐者太多,故冒险者少。"中间又说:"实彼等虽属专家,而生性吃豆腐,又阻于吃豆腐之环境……"吴先生所说的"吃豆腐",寻绎文义,想是因人成事的意思,和白相人口中的行话意义就大大的不同了。

吃盘子

做金子生意的人(即交易所中经纪人),他们的手段很敏捷,眼光很锐利,算盘又很精括,故每天早、午两市赚进几百、几十,多到几千,是极平凡的事。他们的主要业务,虽说专诚代客卖买,拿取规定的佣金,可是其中的黑幕重重,倘使客户是洋盘一流,那么对不起就要翻你的门槛了(即使人受愚之意)。

他们的花样,除去抢帽子与捞帽子外,还有吃盘子的秘幕。什么叫"吃盘子"呢? 譬如客户欲买标金七条,言定每条行市一百元,到了行市九十元时候就买下来,稍停对某客户说则称一百元,这样一转移间,其获利已大有可观,这就叫作"吃盘子"。

吃百家饭

在旧式的人家，做起红白事来（即喜事、丧事），必要临时雇用一班男女仆役去帮忙，男的如二爷，女的如喜娘等类。这班人物，他们自称吃百家饭，因为一年四季到处乱奔、到处赚钱的缘故。不过联想到吃百家饭的人，还不止二爷和喜娘，其它如和尚、道士、清客串、军乐队等等也是吃百家饭的，还有沿路募化的僧道和沿门托钵的丐徒，简直是吃千家饭、万家饭了。

现在新提倡的集团结婚和到殡仪馆去入殓的喜事、丧事，却用不着男女仆役去帮忙了。再过几年，吃百家饭的人也要叹末路穷途，无饭可吃了。

叫　魂

喜欢弄鬼戏的人们，他们家里的小孩子偶然受了一些惊恐，夜里不能安睡，做爹娘的就要疑惑小孩受惊而失魂了，魂既失掉，非举行叫魂（又名"叫喜"）不可。叫魂的顽意共有三种，一种是拍床沿叫，一种是门角落里叫，一种是屋檐下叫。

拍床沿叫，大约因为孩子睡眠不安，哭哭啼啼，做娘的便在天色将明的当口，轻轻地手拍床沿，低声地喊着："阿囡居（作回字解）来吧！"连叫十来声，就算完事。

门角落里叫魂，则孩子生了病，求仙方不灵，乞神助不愈，做娘的以为魂灵儿一定飞到天空去了，非举行叫魂不可。先买了安息香两支，燃上火，再用红纸一小张，折成小包，燃点一副香烛,当天磕好四个响头;再拿孩子平常穿的一件衣服,由另外一人抱着,再由一人左手持小红纸包,右手拿安息香,再由一人照了烛台,一同往门角落里、窗背后、墙脚边,甲大呼:"阿囡居来吧……"乙轻轻地答道:"噢……居来哉……"甲每呼一声,乙即答一句等到觅着一只小蜘蛛,即面现笑容,齐声道:"居来哉!"立将此蜘蛛放入红纸包中,郑重回房,放入病孩枕头底下。

还有一种屋檐下叫,不论孩子或成人生了大病才叫的。须用梯子一只靠在檐下,一人照纸灯笼一盏,一手拿着黄纸甲马四十九张,喊一声:"阿囡(或成人名字)居来吧……",便烧化甲马一张,一面喊,一面烧,等到蜘蛛寻着,大家就答应:"噢……居来哉!"这一幕顽意才算完场。

生了病不去请医服药,而在这上面用劲儿,这病那有痊愈的道理?而且灵魂与肉体是不可以须臾离开的,当真灵魂失掉了,虽你们叫破喉咙,也休想回来这一点小常识,他们都不知道,实在是可鄙而又可怜。

麻衣债

在重利盘剥的借债上,除掉印子钿、皮球、一角过夜外,还有一种叫"麻衣债"。

借麻衣债的人,都属于公子哥儿一流,他们家里的老子虽很有几个钱,因为嗜财如命,轻易不许儿子浪费,那么一来,他们就不能挥霍,不能挥霍就要失掉公子哥儿的资格。于是他们不得不向人求情,或辗转设法借到一笔一笔的债款,借票上面写明这笔债款须要等他老子伸直了脚,穿了麻衣才加利奉还,故叫"麻衣债"。

放麻衣债的重利盘剥却和放印子钿等相像,不过办法不同,譬如你借它五百块钱,交款时候只有三百有零到手;利息也很重,又要先扣去几年,更有介绍费、手续费等也须当场扣去。将来还债时,却一个大钱也不能少,因为借票上面写得很清清楚楚、明明白白,而借债人又须亲笔签名,你要图赖也没法图赖了。

一班视钱如命死要挣钱的老子,趁着双脚未直的当口,看看你们的公子少爷是什么行为,也可以趁早醒醒罢!

出兴隆票

开了一爿店,总希望事事顺利,年年赚钱,这是做生意人的唯一目的。不过这个愿望是不容易达到的,一时因营业清淡,亏蚀太多,要想支持也没法支持,最后办法只有关门大吉。但是关了门,除将一切生财底货抵偿亏欠外,还欠了许多债项,债权方面或因亲戚好友之故,或因多年往来的关系,事实上都不欲起诉穷追,这一堆债项只好出兴隆票以了结。

这种兴隆票怎样出法呢?譬如欠某甲五百块,欠某乙八百块,欠某丙六百块,欠某丁三百块,由被欠人各书借票一纸付给甲、乙、丙、丁四人,票子上面书明欠款若干,没写还债日期,也没有利息,只写须等到被欠人经济宽裕、业务发达后才照本奉还,这名儿叫作"兴隆票"。

藏着兴隆票的人,要收回这笔款子,不过是百分中之一二,因为当时出票人和收票人都是互相敷衍塞责的办法而已。

阿羊哥

处处受愚、事事受气的人，沪谚谓之"洋盘"；除了洋盘以外，还有一种人叫"阿羊哥"，和洋盘的意义似同而实不相同。

在花柳场中，常有短衣不整、面目黧黑、垢污盈积、语言鄙俚之徒徘徊其间，而异性们对他大献殷勤，唯命是从，打情骂俏，其乐无边。因为这种人的外表虽恶陋，而袋里的花花绿绿钞票却麦克麦克，用之像泥沙，取之则不尽。她们看在金钱面子上，不得不拚命巴结，肉麻当有趣，不过背后要叫你一声"阿羊哥"。要得到这种阿羊哥的资格，也不是容易的事，第一要有充足的金钱才可以得到呢！

还有一种经验欠缺、一窍不通的，在人面前假充能人，也叫"阿羊哥"，又叫"屈死"。

水　鬼

人是陆栖动物，故居陆上，虽擅长泅泳的，也不过偶尔玩玩。惟有一种水鬼，能以三天三夜钻入海底，无损毫发，其技能很有一纪的价值。

所称为"水鬼"也者，的确是人，并非是鬼，因他具着钻入海底的本领，人们以"水鬼"呼之。逢到船舶闯祸、人货沉没的当口，却要雇用这班水鬼钻到海底中去捞摸尸体和货物了。

水鬼的技能，从幼小时候即须从事练习，先从海滩旁边练起，第一步习游泳术，第二步习钻水术，直要练习钻到海底为止。他们不但能够钻到海底，并且带了干粮，可以在海里等三天三夜，毫无妨碍。他们既能入海，又能居陆，却和两栖动物差不多了。他们的居处都在吴淞与虹口一带，平时没有工作可做，也相率结伴入海嬉戏，因为他们是与水国有缘的原故。水鬼入海的时候，虽身披一件皮质透气的保险衣，然而若非夙娴水性的人，穿在身上也要溺死的。

卖　羊

甲骂乙"卖羊"，乙也骂丙"卖羊"，这卖羊的声浪最盛行于白相人和吃公事饭（如包探、稽查之类）的口中。但是这"卖羊"两个字究竟怎样解释呢？譬如有一个人，本非文士，却装得斯斯文文模样；还有一种人，本非善类，却又做得像良民光景，这几种人都是"卖羊"一流。

从前有"挂羊头卖狗肉"两句古话，就是讥诮一个人的行为做事含有欺诈性的、不忠实的，即是"挂羊头卖狗肉"的一类了。沪谚骂词中有"卖羊"两个字，想必也是根据这两句古话而来。

卖　相

某甲卖相好，某乙卖相不好，这一类的谈话是常常可以听到的。究竟这"卖相"两字怎样解释呢？就是说，在社会上混饭的人,第一要有卖相,才能到处得着便宜和受人的重视,倘使没有卖相,惟有到处吃亏和受人白眼。

"卖相"的意义是这样的,一个人要身材颀长,五官端正,言语响亮而伶俐,和人谈话对答如流,见鬼说鬼话,见人说人话,衣服冠履也要时式摩登,如此才可称得起一声"卖相好"。至于他的肚子里或茅草塞满,或一窍不通,那是毫无关系的。如此说来,社会上人们的眼光完全是"以貌取人,失之子羽"了。反过来说,譬如有个人藏着满腹经纶、倚马千言的学问,倘使没有卖相,却要处处受欺、路路碰壁,这就是显出人们眼光浅薄和势利观念太深的象征。

其他吃团体饭、吃慈善饭和各业中的跑腿(又名"掮客",亦即卖买介绍人)这一路中的人,第一要有卖相;还有拿了大皮包东奔西波的马路政客、投机分子,更需要的是卖相。有了卖相,将来才有大出锋头和升官发财的希望。

冲 鸟

豢养禽鸟,本是有闲阶级的玩意儿,骨子里并充满着快乐主义。养鸟的人总是唱戏的伶人和没有职业的白相人,以及靠着老子享福的小开(即店铺中的小主人)这几种人为多。但是养了鸟,天天要冲鸟的。天色刚刚明亮,他们就要拎着鸟笼,到跑马厅竹篱外面,或是手里拎着,或是挂在树枝上面,这就叫"冲鸟"。那时候百鸟齐鸣,鸟声啁啾,豢鸟人凝神一志的静听着叫,大有万事不管,只求悦耳之概。

六马路西头有一家龙园茶馆,开设迄今已有好几十年了,这爿茶馆差不多早已变成养鸟人的俱乐部。茶馆里边,里里外外挂满着鸟笼,因为养鸟人冲鸟以后,还须到龙园去喝几口茶、谈几句天,享乐一回,才打道回去。还有城隍庙里两家乐意、赏乐茶馆,也和龙园一样为养鸟人集会地点。楼下开设点心店,楼上却满挂着鸟笼,因为住在南市区的养鸟人都在城隍庙里冲鸟的。除此以外,别的冲鸟地方虽有,总是稀疏零落,比较跑马厅和城隍庙两处则相去远了。

冲 喜

冲喜的顽意儿,凡江浙两省崇拜迷信者都喜欢顽它一顽。譬如有一家男主人或女主人生了病,日见沉重,请医服药毫无一些效力,最后就联想到冲喜上去。冲喜怎样冲法呢?就是将儿子没有结婚过的媳妇迎她上门,见一见病人,开一开金口,略加接待后,仍送回娘家去。

这么一冲,病人会慢慢地好起来,也许是有的;不过冲喜以后,依然病入膏肓、两腿伸直的也很多。如果冲喜一定冲得好,那么只要有了未过门的媳妇,生了重病只消请她来冲一冲,就可以不死,恐怕世界上也没有这样的便宜事罢!

大照会

人力车上的执照,欲呼"照会"。车上有钉三张的(即华界、英租界、法租界三张），有钉二张的，有钉一张的，都各各不同。人们倘在华界地方，要到租界上去，叫起人力车来，总说："有没有大（读若度）照会？"

称租界执照曰"大照会"，那么自己华界的执照当然是"小照会"了，此也是中国人尊重外人和自己卑谦的一种表示吧！

拉洋人

譬如有一个中国人和一个外国人同时叫唤一辆黄包车，车夫往往愿意拉外国人，对于中国人理也不来理你，这是什么缘故？

车夫的心理，以为外国人个个是大富翁、大财神，付起车钿来洋钿当铜元用，金四开当银毫用，而且叫车子时候不讲车价，又省却一番麻烦；不像中国人，一只铜元也要斤斤较量，刺刺不休，故情愿舍此就彼。

逢到喝醉的外国丘八叫车子，他们更拼命上前去承接，闻说这班丘八先生给付车资常常会掏出金镑来当车费，因此要想发财，不得不拼了命去招呼。但是有时候，不但得不着什么金镑、银镑，结果反而尝到一只来路货的火腿和五枝舶来的雪茄烟，也是常有的事呀！

不讲价钿坐车子

有一种漂亮人物乘坐车子，并不预先讲定价钿，只消一屁股坐上去,嘴儿歪一歪,手儿动一动。拉车子的车夫也知道你是漂亮人物,就举起一双飞毛腿,拚命的向前一阵狂奔,希望多得些代价。如一段路程车钿只要铜元二十枚,如果不先讲好的坐上去,至少要给车夫三十枚,他们才欢喜接受。

间有一班面子上要做漂亮人物,付给车费却并不漂亮,车子拉到目的地,照理要给铜圆三十枚的,他只付给二十枚或二十五枚,害得车夫怪声怪气的乱嚷:"这种鸭尿臭的漂亮,还是不漂亮来得好。"还是先讲好车钿坐上去,免得江北仁兄背后骂你几声"猪猡"。

小 车

沪上行驶的各式车子,当推小车创始为最早。清季同治初年,首先发现小车(欲呼"狗头车"),系独轮的,车夫在后推动。起初只揽载货物,并可坐人,嗣后才有脚踏车、东洋车和马车等等,到了清季光末宣初,更有汽车、电车相继出现。到了近年,最早出现的独轮小车早已落伍了,现在这种车子的数量越趋越少,所有的只装载货物、运送东西,坐人简直是很少。不过在闸北各工厂一带上工、放工时候,还有几部小车子,两面坐满着女工在路上驶行,除此以外已难得看见了。

大出丧

社会上赫赫有名的大人物,一朝伸腿断气、撒手西归以后,必有大出丧的举行(大出丧者,就是举殡之意),排场越阔越能哄动一时,竟会传播到几百里以外的外埠民众不远而来,大家异口同声地说道:"看大出丧,看大出丧!"等到举殡那天,民众们如疯狂般的丢了正事不干,专诚来看大出丧。几条经过的马路上人山人海,前推后拥,挤得水泄不通,沿马路的几爿旅馆、菜馆、茶馆的阳台上都设好了优等座位,做一回临时的好生意。

从前的盛杏荪和朱葆三都举行过大出丧,民众们现在想起来还啧啧称羡。前年黄楚九故世后,一般瞧热闹的民众又欣欣地说道:"我们又有大出丧看了。"后来因为债务关系,黄楚九的大出丧就此无形取消,民众方面也大大地失望。

大户人家有了钱,有了名,一朝死了人,场面有关,非举行大出丧不足以显其阔绰、示其威风,糜费虽巨,满不在乎。他们有的是钱,挥霍挥霍无损毫末,更可得到庸夫俗子们的激赏,亦落得大出而特出了。

本来一窠蜂瞧热闹是中国人天赋的劣根性,往往瞧热闹瞧出祸水来(如看赛会而坍桥毙命等惨事),他们也不会醒悟吧!

送丧马车

在三、四十年以前汽车还未盛行时候,马车曾出过很大的风头。马车行也鳞次栉比,名声最大的要算跑马厅一家龙飞马车行,马车有一百多辆。当时各处的大人物到沪,都乘着双马并行的簇新马车,吆喝而过;其次如海上寓公和窑子红姑娘也都乘着马车代步,盖彼时间最漂亮的代步东西,除却马车以外,没有第二种车辆。

自从汽车盛行以来，马车就慢慢落伍，鳞次栉比的马车行都逐渐地关闭了，最大的龙飞马车行早已改组为云飞汽车公司了。现在所剩余的一二百辆跛脚马车，平常时候绝少有人顾问，只有人家死脱了人，出殡起来，载着亲友去送丧，故叫它一声"送丧马车"再切合也没有。其次，轮船码头、火车站边，还有几辆停在那边招徕外埠客人，装装行李而已。

场面不可不绷

中国人是著名爱好场面的，尤其是住在上海的人们更酷爱场面，不论家里穷得吃尽当光，妻哭子号，一无所有，跑出门去仍旧衣履翩翩，大摇大摆地走着。沪谚说"身上绸披披，家里没有夜饭米"，确为此辈写照。其他逢到喜事丧事，尤不可不踵事增华，大加铺排，以示阔绰。他们说："场面攸关，不得不如此来一下。"倘使富有的人摆摆场面，挥霍几个钱，原没有什么要紧；如果力量不够，是穷小子一流，场面则不可不摆，因此做了一回喜事或丧事，害得负债累累，终其身也不能偿还的，倒不在少数呢！吾替他们想想，真是作孽，然而在酷爱虚荣的人，因为要绷场面起见，高筑债台也是情愿而毫无怨言。

还有许多爱好场面的人，到点心店去吃食，末了会钞时候，一共只有一元几角，他身边藏着不少的一元钞票，然而结果往往要掏出一张拾元或五元钞票去找，这到使人有些费解了。有一回作者询问这班朋友："用掉一元几角钱，为什么将一元钞票藏

着不用,要掏出拾元和五元的钞票呢?"他们说:"因为一元钞票
显不出阔绰,并且要被堂倌瞧不起的,如果用大数目的钞票,他
们才不敢看轻你。"这也是绷场面的一种表示吧?

假人参

人参这东西是国药材中最名贵之品,一支小小的人参要值
到几百块钱,是毫无希罕的事。它的效用最能滋补精神,有挽回
造化力量,譬如有个人将要病死,而事实上却有未了之事,不容
他断气,在这个当口吃了人参汤,可以延长若干时的生命。至于
滋补方面须因人而施,倘使不宜吃参而吃了,或只宜吃五钱忽贪
多而吃一两,那就不但无益,反而有大害。

人参的出产地在吉林省内,其次是高丽,要自己生在群山广
野间的地下层,过了若干时间经采参人挖掘出来,方是无上真
品。故参店里有"野山人参"的招牌,倘非野参,即失却参的价值
和效力了。有一种赝品是种出来的,不是它自己生长成功的,名
叫"种参"。在吉林和营口地方,每逢参货上市,土人挑担负筐蜂
拥而来,以求脱货,价值很为便宜,只要二三块钱即可购买一担
(即一百斤),其情形活像上海地货行里的萝卜差不多。他们购
了下来,再批售参客人,复经过一回的烘焙技能和装潢手续,就
可充作野参卖,到了上海,一转移间其获利要百倍千倍。因此
这班参客人白手成家,面团团变为富家翁的,很多很多。还有一
种做过参业的职员,开了一只滑头参号,间接向参客人处批发若
干斤,另加牌号和装潢,再陆续地卖出去,其获利也不小,至于买

户买去吃,有没有效力,他们则概不负责了。

总之,有吃人参资格的大亨们要滋补身体,充足元气,还是到老牌子的参号或著名的国药店里去买,才可不上大当,免受人欺。

虚　头

什么叫"虚头"?"虚头"两字怎样解释?就是有一种东西,譬如价值只一块钱,问起卖东西的人来,他们却信口开河地说二块三块,这就叫"虚头"。市上商店除掉少数划一不二、说一是一外,其它都有虚头在内,老实人偶不经心,便要大上其当。虚头顶大的为一种滑头商店和小菜场上的鱼虾菜蔬摊,他们是"向天讨价",我们只有"着地还钿",才不至于吃亏("向天讨价"、"着地还钿"两句话就是说他们讨得高,吾们还得小的意思)。

野　鸡

这里所谓的"野鸡"并非是沿路拉客的下等娼妓,是一种带着冒牌性质和不入同行的称呼。譬如有一种包车,不是坐车人所有,乃是车夫自己租赁或购买来的,即叫"野鸡包车"。还有一种掮客(即卖买介绍人),并不加入该业同行公会,单独出来兜揽生意的,人们都叫他"野鸡掮客"。举此两例,其余可推想而知了。

还有一种戏馆里的案目,定期包了一天戏,印好了赏光券,向老主顾处推销，人们也叫"打野鸡"（又名"打抽风"），顾名思义是与站在马路上乱拉行人的娼妓有些相同，故有此名称。

请医生、打保单

自从绑票之风盛行以后，一般拥有财产吃过苦头的医生，对于不相识人上门来请求出诊，一律须打保单，加盖商店图章，才肯出诊。不过这么一来，病家要想请他出诊，打不到保单，只有死路一条。还有少数明哲保身的医生，因为世途崄巇，对于不相识人来请出诊，索性拒绝不应，叫病家自己上门来医。如果病势轻微，自属不成问题；倘使病势剧重，躺在床上不能行动，要想请他来医，他又拒绝不应，也只有死路一条了。

粥店、豆腐店

市上通宵达旦、夜不关门的店铺，除掉少数酒食店外，只有粥店和豆腐店两项，年初到年底未见他们关过店门。豆腐店的工作完全在夜间做，到了天明发卖，故全夜不关门；粥店因为要救济车夫饥饿起见，故也全夜营业，不关店门。夜班车夫统夜奔跑，到了饥火中烧时候，都到粥店里去果腹，倘使粥店不全夜开着，试问那班车夫到那里去吃东西呢？

不过粥店全夜是营业，豆腐店全夜是工作，两项商店虽同是全夜，而其性质却不相同。还有一种尴尬人，到了深夜，没有力量去借栈房住宿，往往到粥店里去，或吃两碗粥，或食几只野鸡糊子，吃完了故意迟迟不去，打了一个盹，挨到天明才走，这一夜的栈房开销又可以免除了。

馄饨担

挑担卖馄饨共有两种，一种是高脚式的担子，边敲边击，其声卜卜；一种是低矮式的担子，不敲击竹筒而敲竹片，一面敲，一面喊："虾肉馄饨面。"因为这种馄饨担子都兼卖面条，馄饨的馅子是用虾肉、猪肉拌和，其式甚大，故有"大馄饨"之称，每碗起码小洋一毛，面价也相同。高脚担子历史最久，它只敲竹筒而不叫喊，馄饨都是小的，每碗起码一百钿（即铜圆十枚），现在有几副担子也兼卖面条了。挑卖矮式馄饨担子为粤人所发明，他们的口号是"卖虾肉馄饨"，近来除粤人外，镇江帮、扬州帮也不少。

客　饭

现在除贵族式的大馆子外，其它大小菜馆都售卖一种客饭，每客价目各家不同，从两毛到五六毛为止，菜肴有二菜一汤，饭则没有限制，任客吃饱为度。自客饭制度盛行后，一般买饭吃的朋友都趋之若鹜，如天津馆、川馆、徽馆、本地馆等都已售卖客饭，倘使胃口狭窄的人还不能吃得精光。如有三个朋友合吃两客，菜肴更叫他合并起来，末了只添加白饭一客，这种最经济的吃法再便宜也没有了。

客饭的制度，据说为老北门外大街几家教门馆所创设（为伊斯兰教徒所开设），早已售卖多年，他们定价每客三毛，以小洋计算。现在各帮馆子售卖客饭，想系采用教门馆的办法。

苏广成衣铺

住在上海的人们，不论做一件布衣或一件绸衣、皮衣，都要请教缝衣匠去做，因此成衣铺的开设竟至触目皆是，他们除少数租屋开设外，其余都在弄堂口和门楼底下租借一席地，辟作工场。他们的招牌大都标着"某某苏广成衣铺"，"苏"者指苏州，"广"者指广东，其实苏州人讲究衣着，确为实在情形；广东人却注重食、住两项，衣着上并不考究，他们招牌上标有"广"字不知道是何取义。

缝衣匠的籍贯，以苏帮、锡帮、镇江帮、江北帮、本地帮、宁波帮为最多数，别帮则很少。他们的进项除得到主顾工资外，还有揩油的收入，因为主顾交来的衣料，不论布的、绸的、皮的，他们定要揩它几揩，才觉称心满意，所以沪上有句"裁缝不落布，就要当脱家主婆"的俗语（"落"即揩油之意）。做缝衣匠的分东家和伙计两种，做伙计的帮东家工作，每月赚几块钿工资，做东家的除掉剥削伙计油水外，还有揩油的收入。不过做东家的须预备若干资本，才可以开设一爿成衣铺。

他们的资本不但是租房子、买家伙，有时还要替主客代料。什么叫"代料"呢？因为有一班写意朋友，做件衣服，不需自己去买布买绸，只须开明尺寸，交到成衣铺去，他们代你买料，衣服做好后连同工钿一并算还，这就叫作"代料"。

冷　摊

城隍庙里有几处出卖旧书的书摊，名叫"冷摊"。摊上的书都摆得杂乱无章，乱七八糟，书的种类有旧书，有新书，有杂志，有小说，有碑帖，有残缺不完的，也有整部不缺的，他们的来源大都是收买而来。书的价值从几只铜板起，到几角几块止，都是讨价还价。有时碰得巧，希有的孤本、珍本和家藏木刻也放在书堆里，等待识者来购买，书价也并不十分昂贵。其它如整部的新书，他们反要斤斤较量，善价而沽，因为这班书贩子知识有限的缘故。

玻璃包厢

戏园中的三层楼包厢，定价很便宜，向为一般下层民众观看之地，至于大人、先生、要人、闻人大都不屑到这种包厢里去听戏。从前许少卿在福州路经营丹桂第一台时，在某一时期内特将三层楼外面镶嵌玻璃，名为"玻璃包厢"。许老板的意思，这么一来，也可招致高一级的主顾了。但是平津人叫"听戏"，上海人叫"看戏"，既然着重于看，故座位距离戏台越近越好，"玻璃包厢"名目果然好听，惟在三层，于视线上很不方便，装好以后仍旧吸不动高一级的主顾，过了不久就此拆除，这"玻璃包厢"的名称也取消了（现在丹桂第一台旧址早于前年拆除，改建市房，现在开设致美楼菜馆即是）。

熏鱼、酥糖

市上糖食店的店招，从前都题"稻香村"和"野荸荠"，现在则题"老大房"和"天禄"，不过上面加一记号，以资识别而已。糖食店内出卖的东西少说些总有好几百种，惟对于熏鱼、酥糖两项他们更特别注意，挂招上写上"透味熏鱼"不算外，还要在柜台横边竖立一块金字朱漆的木牌，上写"熏鱼"两大字（也有写"酥糖"两字者），于此可见他们对于这两项东西的注重了。

不过为什么不注意别项东西，专注意这两项东西呢？也有缘故，因为上海人专在吃字上面用功夫，熏鱼美味，不论啜粥、饮酒、吃饭都很相宜，买它两毛、四毛，可以快吾朵颐，因此糖食店为迎合顾客的心理起见，不得不在熏鱼上特别注意了；酥糖是甜的，不能充下酒物，也不能当佐粥菜，但是上海的瘾君子很多，瘾君子都欢喜吃糖，躺在榻上，吸足了鸦片烟，吃它几块酥糖，苦甜相济，自是其味无穷，糖食店里的酥糖生意因此也大好特好。他们竖起了金字朱漆的大木牌，其意思要促起瘾君子们快去多多交易。

日需房饭钱二百八十文

五十年以前，沪上最大的旅馆（当时都呼"客栈"）每客房饭钱每天只收制钱二百八十文；其次自备饭食的，每天房钱只收百文或八十文；最下的小旅馆每天只需四十文，或二十八文。如此代价，可见当时生活程度的低小了。

现在住大旅馆一天的房钱，大者要十几块到几十块，小者也要几块，即最下的小旅馆每天每客也需二三毛钱。虽说现在的旅馆建筑宏伟、设备完全，然而房价已超过几十倍或几百倍以上。

制钱二百八十文，折合现在洋价还不到一毛钱，莫说付房钱不够，即付茶房的小账还相差很远，倘使今昔一比较，真是天差地远哩！

小便三角、大便一元

按照租界章程（即洋泾浜北首租界章程）第十七款载："马路上不能大小便。弄里之无大小便处者，亦不得大小便。否则拘送捕房，大便罚一元，小便罚三角。"因此人们偶然便急，一时得不到便处，在马路上或弄堂里便一便，倘被探捕瞧见，是要拘到行里去（即巡捕房）照章处罚的，如果你没有钱的话，那就要禁锢你四小时了。

本来不到厕所里去大小便，不但太不雅观，而且有碍卫生，稍知自重者，必不愿故违禁令不过有时便急起来，得不到厕所地方，也只好拆一回洋滥污了（这种拆洋滥污的办法只有小便而已，大便是很少见的）。作者有一办法，倘使人们在马路上走路，一时便急起来，得不到厕所地方，可找寻一家茶馆或菜馆，跑进去便一便，就得了。因为茶馆、菜馆里边不但有尿池，且有便桶，不论你要小便、大便，只要口头上客气一点，他们总可以允许你便一便哩。

柜台上的铁栅

自从抢劫之风蜂起以后，一般银钱进出较多的商店，为防患未然计、免除惊恐计，都在柜台上面周围装置铁栅，以免强盗仁兄的光顾。像那典当、小押店、烟兑店，十家倒有五双装起铁栅来。因为这种商店银钱的进出比较多一点，倘不未雨绸缪，用铁栅来防御，那么就要受强盗、匪徒的光顾，遭受意外的损失。有人说道："一爿店铺装了铁栅，好似一只大鸟笼，各位伙计先生赛过一群飞鸟，关在笼子里。"这个比喻倒有几分相像呢。

各银行和各钱庄也都装上栅子，不过他们的装栅有两层意思：其一，也是防御抢劫之意；其二，为便于分类营业起见，不得不装。且银行、钱庄所装之栅，或用灿烂发光的黄铜，或用黝亮雅致的古铜，和烟兑店等黑黝黝的铁栅则又截然不相同了。

靠灾民发财的善棍

在理，办慈善事业的人都应该洁身自好，一清如水，才称得起一声善人，而问心也可以无愧，俯仰也可以无愧。不过一谈起上海慈善界的内幕情形，就要使人痛哭流涕，忿恨不置了。

本来办慈善事业是一种蚀本生意，那能可以发财呢？不过在上海慈善团体中,很有不少善人依靠着慈善两个字来发一注大财、挣一份家产的,若要一一的指出来,实在记不胜记。这般人物真是杀人不怕血腥气的,专门在灾民和贫民身上狼吞虎咽,只管自己麦克麦克,其它社会上的笑骂和指斥他们都不屑顾及,这种人名虽善人,其实是善棍罢了。

慈善界中的人物,依作者所知的,约分三种:第一种人,确是抱着胞与为怀、视民如子主义,挺身出来办事,真是一介不取、一丝不苟,有时牺牲着精神不算,还要自己掏腰包,这样才称得起善人两字,不过数量是很少的。第二种人,捎着某堂、某会的一块金字招牌,到处宣传或登报征求,或派员劝募。等到捐款到手,先将大部份款项留着自用,只将小部份拨给慈善上需用。第三种人,完全是骗局。他们逢着什么水灾、旱灾、蝗灾等一切灾患发生,临时租赁了一二间房子,挂起什么协会、什么善堂的大招牌来,一面请人做好了悲天悯人、声泪俱下的募捐缘起,印刷了数十万份,一面敦请几位名人和闻人做董事。手续完竣,然后派人四出劝捐,广为征募,一班劝募员又要遴选擅长词令、面厚如铁的交际大家,这么一来,募捐的成绩那有不超出新纪录呢?他们劝募的手续,不但在本埠进行,还要分派干员到各地各埠去努力的劝、努力的募,有时还要化了广告费登报征募。总之,对于劝募两字上,却可称一声无孔不钻、无洞不入了。他们发出去的捐簿和收据上面,都印着鲜红的"经手自肥,雷殛火焚"八个大字,但是天老爷大度包容,谁肯来管你们这笔闲账?故罚誓尽管罚誓,自肥仍旧自肥。等到灾祸过去了,他们也个个捞饱了,一生一世享福不尽了。起初租借的房子也退租了,金字招牌也撤除了，经理、协理、司理和大小职员都一溜烟地逃跑了，就此暂告闭幕。以后逢到什么灾变发生，或再照老法子来干一回，也是常有的事。

在前面说过的第一种人，真正当得起善人或善士两个字，第二种人只可说它是伪君子，末一种人确是慈善界之一善棍社会上之蟊贼。去年发生的东北义勇军捐款撤查风潮，曾经闹得满城风雨、一天星斗，究竟有无舞弊，吾们局外人不得而知。如果不幸也蹈着善棍的覆辙，再发现一班"义棍"，岂不要被外国人笑脱牙齿吗？

广告医生

有一种医生，他的学术很平庸，信誉又很浅薄，因此顾客寥寥，门可罗雀。于是想出一条妙计来，专在广告上面用功夫。他们登起广告来，常常要登载全版或半版，广告上面的措词更说得天花乱坠，自吹自唱，那么一来，生意自会兴隆，门庭定卜如市了。

广告措词不但说来活龙活现，好看煞人，而且同时更罗致几十位社会闻人，替他列名介绍。这种广告一登出，还怕病人不源源而来么？因为上海地方大、人数多，生了病请不到好医生，确是不少，今看见这种措词生动的大广告，那得不怦怦心动快来就教呢！

时人目这般医生名曰"广告医生"，可谓再切当也没有了，因为他们不在医学上面研究，专门在广告上用劲儿。

高等华人

在外国人眼光中分析出来,有所谓高等华人和起码华人等分别,但不知那一种是高等华人,那一种是起码华人,倒值得研究一下。

据说是买办阶级和一部份有势力的寓公,能说几句洋泾浜话,能穿西装革履,能狐假虎威,能借外力欺压同胞,能吮痈舐痔,如果具着这几种资格的,才配称一声"高等华人"。其它劳心劳力,安分守己,不善媚外,以度其苦生活的善良民众,想必是"起码华人"了。

荣幸哉,"高等华人"! 漂亮哉,"高等华人"! 但将来不幸而亡国以后,这许多目高于顶、神气活现的高等华人,不知道可以不作亡国奴么?

看鬼脸

现在商店的店员,除掉极少数受过训练而和颜悦色的招待主顾外,大多数都扮着鬼脸(作者前著《店员之三副面孔》一文,读者可参观)对待主顾。到他们店里去交易,总是抱着似理非理、似睬非睬的态度,故我们去买东西,简直去看他们的鬼脸了。

警告一店的主人翁和经理先生,以后对于店员们先须切实加以训练和指导,然后界以店员重任,要晓得一店的兴旺衰败全在店员的身上,那可不注意吗? 那可马马虎虎,放任他们扮鬼脸吗? 其实现处冷酷势利的社会里,如果有事求人,或衣衫太朴实些,包管你处处看到不堪入目的鬼脸呢?

十三点

前年冬天,作者家里搬来一份房客,是一夫一妻和一个养女(即螟蛉女),年可十五六岁,他们夫妻俩叫唤养女总是"十三点"长"十三点"短。作者听了委实有些不懂,后来询问一位明了上海社会的朋友,才知道有一种人,说他呆戆并不呆戆,说他伶俐也不伶俐,好像时钟时表之超出准绳了,因此人们对于这种人就起了一个含着轻薄而尖刻的称呼,叫作"十三点"。不过这种称呼对于别人总是背后叫着,倘使当面叫唤起来,那就要酿成口舌争闹的事情呢!

寻 丫

上海地面辽阔,又为五方杂处,拐子歹人混迹其间,因此失孩失婢亦层见叠出。不幸而遇到此事,或登报招寻,或在电杆木及墙脚边上贴着几张寻人通告。它的措词,不外某日某时走失一孩子,着什么衣服,脸上五官怎样,身材怎样,鞋帽怎样,一一地写明,如有仁人君子知其下落,送到××路××里××号××宅,酬洋××元等语。不过"寻人"的"人"字都颠倒写着,一说这样写法,走失的人不能远走,容易寻到。这个迷信不知是那一位发明的,却是无从查考了。至走失原因,除掉一大半被拐子拐去藏匿意图贩卖外,一小半或因迷途而不能归家,也是常有的事。

俞调、马调

在书坛上说书,如系弹唱小书,起首必先唱一段开篇,开篇唱完,才唱正书。开篇的格调向有俞调和马调的分别,俞调是清代嘉道年间俞秀山所发明,音调很幽雅,如同小儿女绿窗私语,娓娓动听。马调系咸同年间马如飞所创始,音调率直,没有馀韵。然而当年的马调曾风行一时,学者很众,俞调从前虽也风行过,究不如马调的得势。现在的弹词家早已各有师承,自成一家,而老前辈所遗传下来的俞调、马调久已不复挂齿了。

医生的三吓头

吃公事饭的人,对付窃盗莠民惯用三吓头手段,据说不用三吓头,他们要狡赖的,所犯的罪不肯承认。不料现在有一种医生,对付病人也抱着三吓头主义。什么叫"三吓头"呢?譬如人们生了病,请教他们去诊治,其实这个病是很轻微的,一剂药吃下去,就可霍然而愈。他们则故甚其辞,说病势如何的凶险、如何的厉害,脉案末句必写"候政"或"候高明裁酌"等字样。如果病势确实沉重,已到了膏肓时期,用这种手段对付,情还可原;倘使病势并不沉重,也说如何凶险、如何厉害,实在是不应当的,而且使病人多生一层恐惧之心,轻病变成重症,也常有的事。

推测这班医生的心理,无非抱着不负责任的态度。况且轻病说得凶险,一剂药吃下去吃好了,病人方面,要念念不忘的歌功颂德,感谢不尽,倘使不幸而发生变化,也不能和这位医生稍稍理论,因为他们早已说过很厉害呢!而且脉案末句早写明"候政",你们自己不小心、不斟酌,流年不利,活该倒霉,与这位高明医生丝毫无涉。其实医生虽也是职业之一,究竟多少要有点慈善性质,遇到不可救药的重病,也应该善为说辞,不可一味恐吓,使病人多添加一层恐惧心理;假使是轻病,更应该切实安慰,才是做医生的天职啊!

开大炮

在那晋(山西)、绥(绥远)各省地方,吗啡(别称"白面")毒物的销路很大。那边的人民,不但瘾君子需要它,即向无烟瘾的,大家见了面也多以吗啡饷客。他们吸食吗啡又很简便,只用纸烟一支,捣之结实,烟头空了,将吗啡少许放入空头,即可燃火吸食。不过那么一来,向无烟瘾的常吸不断,也会成瘾,这种吃法,他们叫"开大炮"。近来这开大炮的顽意儿,也发现到上海来了,而且有人专将吗啡和入香烟之中,秘密售给吸食红白丸的瘾君子过瘾,藉以牟利。从前只有打弹子(即吸食红白丸)和戳药水针两项,现在又多一开大炮了。

大少爷谋害妓女

民十一(壬戌)夏季,阎瑞生谋毙福祥里妓女王莲英一案事发以后,曾哄动一时,人们都目为几十年来花界的一大惨案。后来阎瑞生逃往徐州,被该地军警拘获,解回上海。当时上海最高官厅是淞沪护军使,任护军使者是何丰林(茂如)氏,由军法处邓处长审讯确实,判决阎瑞生和吴春芳二人,按照惩治盗匪法第三条第二款之规定处以死刑,朱稚嘉(即朱老四,为已故甬绅朱葆三之子)宣告无罪。事后,九亩地新舞台即赶排一剧,名曰《阎瑞生》,由赵君玉饰王莲英,汪优游饰阎瑞生,开演四个月,夜夜满座,其盛况不亚于今春新光映演的《姊妹花》。后来又有××影片公司编成电影,亦映演很久。更有一般卖唱者编为小曲,如《莲英托梦》、《莲英叹五更》等,最为妇女界所欢迎。

护军使署发表的判决主文和判决理由,文长八千多字,极洋洋乎大观。莲英是新世界于丁巳年举行第一次花国选举当选的花国总理,当选以后为出锋头计,对于衣服饰物惟奢是求,手指上常御大钻戒,光耀炫目,因此卒遭惨死;而阎瑞生本为震旦大学肄业生,因品行不良,误与匪徒为伍,沦入下流,其谋毙莲英,完全是拆白党劫财行为,结果亦难邀宽典,明正典刑了。

烫头发

自从妇女剪除发髻以后,过了两年,又盛行烫头发起来。现在的摩登女郎和时髦少妇大都将头发烫成水波浪式和螺髻式,以为美观,此为最普通的烫发。更有一班舞女将头发左右分开,烫得笔挺,好像一只蝴蝶躲在项上,她们以为美观极了,且不这样烫法也不成其为漂亮的舞星。

烫头发有自己烫的,有请教理发师烫的,用一根铁制的扦子,先在火酒上面烧热后,继在头发上面横卷竖撩,手续很是麻烦。并且前年有一个电影从业员浦惊鸿女士,因为自己烫头发,拨翻火酒,火着衣服,毒焰攻心,就此丧却一条宝贵的生命。事出以后《新闻报》记者严独鹤先生曾经做过一篇谈话,切劝一班摩登妇女不要再烫了,以免发生意外的危险。但是舆论的制裁一些不生效力,大有死尽管死,烫仍旧烫,死脱一个有什么要紧,烫头发是摩登中万万不可缺少的要素。

到了现在,不但女性要烫头发,凡顾影翩翩、自命摩登男性的也都要烫得光亮卷曲,那么一来,理发店里主人翁又多做着几笔好生意。理发店的玻璃窗上现在都粘着"男女烫发"四个大字,作者瞧,起初有些疑惑,意谓须眉男子烫什么发呢?后来一打听,才知道摩登青年也有烫头发的新花样。

自从"新生活"开始以后,最高当局曾通令禁止妇女烫发,现已严厉执行,此亦挽救浇风末俗的善政,希望青年男女不要再摩登了,快快觉悟吧!

年红灯

年红灯(一称"霓红灯")的装置,现在已大盛而特盛了,一条南京路上的大商店,差不多已家家装置,其次是影戏院和大饭店也都装置了。每天到了晚上,耀人眼帘之年红灯竟至触目皆是,这种灯的科学名词叫"氖光",光度极强烈射眼,商店之装用此灯,取其使人容易注意到这爿商店。现在除掉红色以外,还有绿色和蓝色等分别,并有旋转流动的、开合的。装置年红灯的公司起初由西人创办,现在由华人经手装置的也有多家。人们做喜事或祝寿,厅堂中央也有临时装用年红灯的大"囍"字和大"寿"字,取其漂亮,故目下的年红灯可谓已盛极一时了。

桂　花

沪人口中,要说出一种蹩脚而起码的东西,都可用"桂花"两字代表。譬如说"桂花寡老"或"桂花律师",即是表明蹩脚的女人和起码的律师,至人们为什么要用桂花来形容一种坏劣东西,实在难以索解。

桂花在花卉中,虽不能比牡丹的香艳和菊花的傲霜,也非平常贱花。按产桂最多地方在广西,故广西称桂省。桂有麝桂、金桂、银桂、丹桂、肉桂等分别,肉桂之皮名曰"桂枝",可作药材。其它桂花可以连枝插入花瓶,供摆案头,能使馨香触鼻,沁人心脾;用糖腌之,又可充作香料。如此说来,桂花也是名贵而有用的东西,今比喻为起码的植物,岂不要使桂花叫屈吗?

跑狗瘾

有许多爱好玩耍的上海人,对于跑狗的兴趣真是非常地浓厚,到礼拜三、六的晚上,非去一趟不可,赛过抽鸦片烟一样,不去是不能过瘾的。于是上海人除掉大烟瘾、吗啡瘾、麻雀瘾、跳舞瘾、回力球瘾、花会瘾等等以外,又多了一种狗瘾了。

据说狗瘾的养成,也需要一种常人所不可及的忍耐性,又要研究一本很厚的赛狗专刊,此层和打花会人熟读《致富全书》一样；又要掏出雪白的大洋钱去掉换跑狗场里专用的钞票，又要鉴别出场的几只狗的行色，再要计算是买位置，还是买独赢或是双独赢，跑得第一；倘使侥幸得中，还要从人堆里挤进去领奖，手续是够麻烦了。然而去赌跑狗的人从来没有过半句怨言，唯一原因只是他们已经染上了狗瘾。

在开赛时候，先由一只电兔在最前面奔跑，许多狗儿在后面追逐，看看像追着的样子，但老是追不上，不过追虽追不上，希望终是有的。结果呢？许多狗儿出了一身大汗，那只电兔写写意意地休息了，这就所谓赛狗。

跑狗场从前有三处之多，（一）华德路之明园，（二）延平路之申园，（三）亚尔倍路之逸园。后来公共租界纳税会西人提议禁止，工部局准如所请，谕令明园和申园停止营业。跑狗场老板表示不服，曾一度与工部局提起诉讼，结果仍旧维持前议，不许开张。现下跑狗场之硕果仅存的只有逸园一家，因该园地处法租界的亚尔倍路，法租界当局的态度和公共租界有些不同，因此逸园得以照常营业。直到如今，明园结束以后，曾一度改营游艺场，因生意清淡，不多时即关门大吉，申园则今已改组为足球场了。一般染有狗瘾的同志抚今追昔，当有无限地感叹。

幺二三式

妇女界穿的衣服，现在越窄小越摩登，穿在身上，不但奶部高耸，而且臀部突出，又着了高跟皮鞋，在路上行走，扭扭袅袅，非常的使人注目。这种形态，时人称谓"幺二三式"，象形取义，倒很确切呢！这种妖形异服，在内地各埠已有好几处严厉的禁止了，但是在上海租界上依旧是很多很多，可谓一叹。

捏　脚

　　吾们居在地气潮湿的上海地方，不论男女多患着湿气。湿气之最普遍者，左右两脚的脚趾缝终年发痒，不过仅仅发痒。本无大碍，进一步的却要腐烂肿痛，那对不起就会举步维艰，不能行路了。因此患脚趾痒的人到了浴室里去洗澡，洗好以后，堂倌就要替你捏脚，真正湿气浓重的还要叫扦脚匠用小刀子来刮上一刮，才觉适意。

　　凡做堂倌的多会捏脚，究竟这捏脚怎样捏法呢？浴客躺在榻上，他坐在小凳下，用一条干毛巾替你抽丝剥茧般在那脚趾缝里横捏竖擦，这就是捏脚。湿气重的人，末了还要用滚开水里浸过的毛巾烫上一烫，才觉有趣。讲到这个玩意，虽属小道，其技艺却大有分别，因为工作时候轻重疾徐因人而施（分湿气轻重之别），能使你感到一种很有趣味的快感。如果技艺不精的堂倌不明轻重疾徐之法，一概乱捏乱擦就算毕事，那非但得不到一些快感，反而要感着不能止痒了。

　　住在北省高燥地方极少患湿气病的，但是到了上海连居几个月后，他一双尊脚自然而然会痒起来了，到了这个时候去洗澡，非叫堂倌替你捏一捏，就要感到一百个不适意。这是地气关系，要想免除也没法免除哩！市上的按摩院，他们本以按与摩为号召，现下因为捏脚的需要，大多数也加上捏脚一门了。

附录 《上海鳞爪竹枝词》

拙著《上海鳞爪》初、二两集,共计十万多字,共有子目二百三十三条,都描写上海现社会的形形色色。因为没有系统的记述,故名"鳞爪"。出版以来,多承海内外读者不弃,贻书奖借,络绎不绝,不慧十分惭感。又荷老友叶仲钧先生将全书每条咏成竹枝词一首,措词爽利而有趣,读之使人解颐。叶先生现任清心中学校国学教授,以授课馀暇,将二百三十三条子目完全咏成,更使人不胜感谢。全稿曾经陆续在《沪报》上披露,很受读者激赏。兹特排刊单行本,以公同好而垂久远。排版时,复经叶先生重加校勘,以免舛错,敬志数语,藉谢老友。

中华民国二十四年六月,郁慕侠

第一　上海的人口与贸易额

食采春申地一方,试从劫后话沧桑。

南京骤尔成条约,万国争趋互市场。

第二　复杂之社会

左邻右舍太郎当，为省金钱住鸽房。
出入一门惟点首，不知姓氏与乡方。

第三　日本在上海经济力之发展

蕞尔东瀛一小国，维新以后竟称强。
诸般步武欧西样，尤是经商最擅长。

第四　分租房屋之习惯法

古说长安不易居，今惟上海最难舒。
上头大二三房主，能胜重重压制与。

第五　二房东受累

获得匪徒询口供，牵缠每到二房东。
慎防暴客来租屋，保结连环不放松。

第六　挖费与小租

欲暂栖身觅一窠，小租挖费陋规多。
帐房藉此肥身计，其奈他乡作客何。

第七　鸽笼式之房屋

为因房价太高昂，架屋重楼再垒床。
终日乌烟同瘴气，况逢炎夏更难当。

第八　三层楼

住宅都从弄里增，法华楼许建三层。

然如公共诸租界，打样工师不肯承。

第九　公馆马路的骑楼

试将楼面把街骑，能使行人晴雨宜。

闻说如斯新式样，规摩香港与巴黎。

第十　半条大马路

我闻犹太灭于英，剩有哈同做大亨。

梨木铺街平且美，半条马路享豪名。

第十一　公共租界之三公园

公园设备果然新，不许华人去问津。

世界有何公理在，可称夺主是喧宾。

第十二　桥梁之遗迹

欲使洋场车马行，河渠沟浍悉填平。

旧时风景全消灭，空剩桥名未变更。

第十三　长三与幺二

野鸡幺二与长三，路柳墙花任意探。

更有庄名咸肉者，凭君欢喜立时参。

第十四　娼妓籍贯之不同

同隶江南同卖淫，苏扬两派异苔岑。

但操皮肉生涯女，尽有他乡各口音。

第十五　野鸡之释义

同是倡人号野鸡，妓居三等贱东西。

宵深尚感飞鸣苦，硬要行人作客妻。

第十六　女校书

吾想从前女校书，黄昏飞轿坐安舒。

姑娘如果年龄小，掮在肩头不用舆。

第十七　韩庄开一炮

欲开大炮到韩庄，该处分明泄欲场。

真个销魂顷刻就，只须包里化三羊。

第十八　借小房子

张家姐姐李家娘，话得投机开栈房。

毕竟临时非久计，不合专辟合欢场。

第十九　倡门中的术语

公余浪迹走平康，大姐娘姨酬应忙。

彼辈个中多隐语，谓之春典也无妨。

第二十　咸水妹

剧怜女子溷红尘，最贱生涯是卖身。

更有一般咸水妹，专门招接外洋人。

第二十一　轿饭票之三变

票子偏将轿饭名，赏人仆役已分明。

自从改给铜牌后，花样于今又变更。

第二十二　流动的卖唱

华灯初上夜沉沦，少女联翩蓦地临。

专向人丛来卖唱，居然也有按胡琴。

第二十三　点大蜡烛

二八佳人瓜破时，点来蜡烛大如斯。

鸨儿只赚梳栊费，管尔挨门知不知。

第二十四　老、少

每逢北里且停车，公务闲时且狎邪。

妓女呼人真促狭，只称老少不称爷。

第二十五　公务正堂

轿后高擎一盏灯，竟然公务正堂称。

招摇过市人争看，妓女猖狂太不应。

第二十六　征　歌

客里光阴不易过，茶余酒后每征歌。

各帮妓女虽殊例，一样缠头贵在多。

第二十七　野鸡拉夫

忍操皮肉贱生涯，最怕瘟生不到家。

营业衰时心着急，逢人拚命上前拉。

第二十八　露天通事

洋泾浜话略能知，最好西人购物时。

便得从中施伎俩，少停两面索酬资。

第二十九　东洋女堂倌

试从虹口话前因，可笑当时日本人。

茶馆堂倌多用女，任凭狎玩不生嗔。

第三十　包车野鸡

身为雉妓坐包车，驰骋洋场颇自如。

搔首弄姿勾狎客，管教蜂蝶造其庐。

第三十一　吸精校长

堂堂校长等妖魔，天理人心一点无。

竟把儿童生殖器，任他摆在口中呼。

第三十二　烟、赌、娼

爱赌原来最是肱，吃烟狎妓更空虚。

吾人若讲新生活，努力先将三害除。

第三十三　神秘的朝会

早起提篮赴菜场，乘间幽会小情郎。

登时欲念来冲动，携手相将辟栈房。

第三十四　茶房媒

栈使沿途揽客商，唠叨一路话连忙。

适才新到乡间女，阿要前来开一房。

第三十五　淌排、咸肉

有种妖娆最惹骚，此排名淌尽堪撩。

不嫌咸肉多腥气，亦可随时斩一刀。

第三十六　女招待

玲珑乖巧会经商，游戏场中招待忙。

一自舍男偏用女，引来蝶浪与蜂狂。

第三十七　女职员

欲将生意扩充谋，任职人员选女流。

自古招牌宜用活，尽他蜂蝶共追求。

第三十八　如此按摩

按摩营业古无闻，近日偏偏最盛行。
使尔全身愉快后，并堪真个去销魂。

第三十九　女学生的丑业

一样裙钗是女流，学生人格最为优。
如何不自尊身价，猥以缠头补束修。

第四十　跳舞、歌舞

四足连环跳不休，红男绿女互相搂。
近来又变新花样，身作婆娑口作讴。

第四十一　神秘的北四川路

怪诞离奇接踵兴，四川北路最摩登。
许多事业难宣布，赢得人间神秘称。

第四十二　虹口赌场

喝雉呼卢骰在盆，赌场虹口最称尊。
赢来巨款休嫌累，包管安全送到门。

第四十三　撒尿菩萨

菩萨应将香气承，缘何此独撒尿称。
只因身处毛坑侧，遂至终朝臭味蒸。

第四十四　同性恋爱

阴与阴兮阳与阳，纵情放欲太荒唐。

伤风败俗乖人道，责在官厅着意防。

第四十五　花会狂

赌博从来尽是欺，况如花会更离奇。

一钱廿八来相配，赚得愚民共着迷。

第四十六　游戏场之始祖

场开游戏尽勾留，第一应推楼外楼。

创办人为黄楚九，让他名利竟双收。

第四十七　小客栈写真记

飘零无处可羁留，投宿于此属下流。

侪辈称呼殊特别，小苏州和小杭州。

第四十八　客栈名称之变化

士商来往驻行旌，自古都从客店名。

惟有申江花样足，□台称馆屡纷更。

第四十九　打弹子

人间万恶是红丸，其毒尤逾鸦片烟。

直似东洋达姆弹，打经身上命难延。

第五十　戳药水

药水拿来戳进肤，能将烟瘾立时过。
吗啡费省功劳大，从此无须鸦片呼。

第五十一　吃白面

最毒无如海洛因，吗啡虽烈逊三分。
高居鸦片红丸上，北地人多白面称。

第五十二　出卖笼头水

烟瘾来时呼欠连，欲吞鸦片苦无钱。
且尝一勺笼头水，只费铜元七八枚。

第五十三　南市新舞台

夏伶兄弟具雄才，南市宏开新舞台。
纵遇者番兵燹劫，仍然奋斗不心灰。

第五十四　蟾宫折桂

舞台何故号天蟾，曾有多人着意猜。
欲使月中丹桂折，命名方始悉由来。

第五十五　真刀真枪的创始人

曾记当年何月山，耍来一手好刀环。
直将假戏当真做，实等江湖卖艺般。

第五十六　共舞台之男女合演

巾帼须眉两样材，优伶男女本分开。

首先出演雌雄挡，法界应推共舞台。

第五十七　女伶封王

寻常一辈少年郎，喜为坤伶去捧场。

金字写来如斗大，崇衔唤作某亲王。

第五十八　开房间

暖衣饱食觅消闲，公子哥儿混一班。

聚赌呼烟兼狎妓，最宜旅馆辟房间。

第五十九　大旅社、大饭店

旅社开而饭店张，称来大字更堂皇。

望衡对宇巍然立，冠盖如云尽四方。

第六十　兜喜神方

虔诚元旦进头香，车马今朝分外忙。

南北东西驰骤遍，算来总有喜神方。

第六十一　兜圈子

苦煞乡人到上洋，徘徊马路胆慌张。

坐来车子团团转，毕竟仍回老地方。

第六十二　兜　风

浴罢兰汤暑气回，夕阳西坠好风来。

披襟习习凉生腋，驰骋花丛心最开。

第六十三　浴室堂倌

申江浴室做跑堂，三种乡方三种行。

扦脚剃头兼擦背，扬州京口与丹阳。

第六十四　女浴室

浴室专作女生涯，只有龙泉这一家。

到此澡身非浴德，淌牌窑妓与庄花。

第六十五　擦　背

手执纱巾与布巾，不惟擦背擦全身。

只图多博蝇头利，不惜殷勤待客人。

第六十六　清水盆汤

茶馆增添生意经，盆汤清水榜门庭。

个中陈设多单简，一到秋间业即停。

第六十七　模特儿

精赤条条不挂丝，女郎曲线美如斯。

北方男丐权充任，一样称为模特儿。

第六十八　曲线美

胸前高耸两峰痕，背后还翘一大臀。

窄袖短衣双臂露，登徒那得不销魂。

第六十九　龟头套

龟头底事用皮绷，陷阵冲锋不可当。

目的并非防染毒，只求战胜合欢场。

第七十　泥制春戏

粘土搏成秘戏图，宛然浪子会淫娥。

慎防失足沉汤罐，皮肉双方一塌污。

第七十一　角先生

强头裂脑此先生，北地人都干事名。

出入阴门真硬涨，只嫌形大内无精。

第七十二　天妃宫

湄州圣母庙巍然，航海人多奉祀虔。

一自公家收管后，从兹香火绝年年。

第七十三　南石路与北石路

砂砾铺来一样平，纵横南北里余程。

近虽质地多更改，依旧人将石路名。

第七十四　剪发留发

头上三千烦恼丝，并州剪后滑如脂。

无何又变新花样，卷曲蓬松脑后披。

第七十五　梳头佣

盘龙堕马混名多，善把青丝挽髻螺。

尽有一班淫荡妇，穿针引线作媒婆。

第七十六　大裤管与小裤管

沪人衣服讲时行，花样连翻不断生。

即此区区如裤管，短长大小屡纷更。

第七十七　画　眉

眼前一派好姣娘，喜把双蛾剃得光。

对镜重新挥彩笔，画来八字细而长。

第七十八　耳　环

天生耳朵也装璜，珠玉连环缀两行。

下宕宛如多宝串，双跌摆动响铿锵。

第七十九　染　指

尖尖玉指赛青葱，底事人工夺化工。

不用凤仙花汁染，也教白甲变绯红。

第八十　硬领头

领头高得像葫芦，遮住螬蛴碧玉肤。

个个几成强项令，可能顾盼自如乎。

第八十一　合　会

偶遇床头金尽时，醵钱合会恳相知。

就中名目繁多极，要算单刀最下之。

第八十二　抢油主

何日开张广告传，奸商最会弄虚玄。

人们喜得便宜货，反致牺牲一大圆。

第八十三　米蛀虫与地鳖虫

地皮掮客米行佣，地鳖虫兮米蛀虫。

彼辈何来斯雅号，因他侵蚀太精工。

第八十四　滑稽公司

企业章程概不知，贸然标榜学趋时。

个人设得区区肆，也叫公司太滑稽。

第八十五　狂潮之一瞥

不尚开源尚盲从，沪人最喜一窝风。

波翻浪滚滔滔是，雾散烟消转瞬中。

第八十六　摩登化

欲占人间风气先,起居服御用心研。

矜奇立异标新式,不是摩登不少年。

第八十七　鸡叫做到鬼叫

一生辛苦是劳工,手足胝胼注命中。

戴月披星忙外出,夜深方得转家中。

第八十八　张竞生的《性史》

忍心辣手造淫辞,害得青年不自持。

炫世妄然称性史,料应死后入泥犁。

第八十九　烧头香

除夕漫漫尚未央,争先入庙进头香。

低头下首喃喃语,保佑来年命运昌。

第九十　燕子窝命名之释义

黑籍沉沦气不扬,欲图过瘾往来忙。

身藏烟泡寻灯吸,仿佛衔泥到画梁。

第九十一　广东人的迷信

土地名为福德星,岭南人最敬神明。

每逢十六同初二,香烛三牲设在庭。

第九十二　拉　风

试将竹布折长方，宕在空中播动忙。
习习凉风生四座，尽教炎暑也无妨。

第九十三　打　醮

七月金风送爽时，家家恭敬待神祇。
门前锭帛齐悬挂，还有滩簧宣卷词。

第九十四　不守时

积成习惯颇难移，上海人多不守时。
无论赴筵与约会，姗姗彼此各来迟。

第九十五　市　虎

汽车来往疾如风，苦煞行人在路中。
撞着身时丧性命，岂徒折骨痛无穷。

第九十六　红绿灯

通衢车马往来纷，难免其间冲突生。
欲保安全维秩序，认明红绿两边灯。

第九十七　名人与花柳

疡医自许擅青囊，多少名人作捧场。
彼辈若无花柳病，缘何介绍与称扬。

第九十八　此地不准小便

须知此地是家基，不许行人作小遗。

还恐他们不识字，画来一只大乌龟。

第九十九　打　样

巨大工程计划时，事前须得费心思。

如何结构先描样，是亦专门建筑师。

第一〇〇　抛沙掷泥

女子从来最易欺，顽童向彼掷沙泥。

谁知一辈轻浮子，也共群儿恶剧施。

第一〇一　搭客要找保证

欲往他乡乘汽船，预先绅商作担肩。

何人现到何方去，表格还须逐一填。

第一〇二　大舞台对过

文魁各自号其斋，大舞台前有两家。

谁是乌龟天晓得，比邻一样作生涯。

第一〇三　马路政客

觅缝钻头会奉承，附膻逐臭赛苍蝇。

不商不学无恒业，政客应从马路称。

第一〇四　欧　化

一自中华海禁开，欧风美雨逼人来。
少年喜学邯郸步，竟致狂澜莫挽回。

第一〇五　小　鬼

朋辈时逢怒气冲，一声小鬼夹言中。
寻常开口寻常骂，出自佳人骨反松。

第一〇六　棺材店里的鬼戏

自家生意欲兴隆，做就棺材望出空。
鬼戏偏从元旦串，老班毕竟太心凶。

第一〇七　茶　馆

专供过客息游踪，茶馆精良算广东。
既使相如疗渴疾，点心又可把饥充。

第一〇八　吃包茶

各帮各业各行家，逐日终须市面查。
聊假茶寮排一桌，彼中人谓吃包茶。

第一〇九　小帐分文不取

帐目偏偏以小名，分文不取早申明。
客人如果当真做，包管堂倌骂几声。

第一一〇　堂彩以外之堂彩

堂彩无非犒下人，为他服侍甚殷勤。

已将大帐中加一，何事还从额外增。

第一一一　送元宝

浴室茶寮做雇佣，他们最会打抽丰。

橄榄唤作金元宝，送到人前索赏封。

第一一二　看热闹

道旁偶有事纤纤，顷刻多人聚一堆。

此辈喜欢看热闹，常时不幸受冤牵。

第一一三　无意识

小儿偶或夜啼忙，何用人歌天地皇。

还有伤风图出卖，这般意念更荒唐。

第一一四　医　院

租得房舍一二楹，悬壶妄自作医生。

人材器械都无备，牌子居然病院名。

第一一五　基督教

欧美驶驶势渐东，全凭基督作先锋。

直将文化来侵略，争奈吾人好盲从。

第一一六　大报最盛时代

民国登时应运兴，申江报馆陡然增。

真同雨后生春笋，公论当年确在人。

第一一七　各报社评之变迁

曾记从前各报章，长篇社论冠头张。

后来刊列徐徐变，竟把时评废不行。

第一一八　报界四金刚之凋零

前年报界四金刚，席狄还同史与汪。

到此半经遭物故，果然人世小沧桑。

第一一九　野金刚

檇李须弥钱芥尘，献身报界见精神。

直追四杰四称霸，唤作金刚野亦珍。

第一二〇　报头下之洪宪纪元

袁氏谋将国体更，奈何报馆不徇情。

一行洪宪元年字，细若蝇头看不清。

第一二一　汪汉溪大捧林黛玉

新闻报馆主人翁，走马章台老兴浓。

艳帜重张林黛玉，为他生意作拉拢。

第一二二　十五年前之小报

十五年前小报章，多评戏馆与情场。

自从晶报推行后，花事阑珊剧事荒。

第一二三　现在流行之小报

近来小报甚分歧，直幅横篇式样奇。

立论既无标准旨，命名更觉太支离。

第一二四　报馆街

集中消息望平街，报馆东西栉比排。

近有几家营别业，迁从他处另悬牌。

第一二五　卖朝报

手捏新闻纸几方，高声信口作雌黄。

雄鸡生蛋猫生鼠，赚得人来买一张。

第一二六　当、质、押

典当凶如一把刀，贫民无奈受煎熬。

规模最小称为质，利率尤推押店高。

第一二七　当　价

黄金照市折平衡，衣饰惟居五六成。

近日服装常变易，当商因此不欢迎。

第一二八　当几钿

世上贫民最可怜,东西拿去换铜钱。

当商执物高声问,究竟汝须要几钿。

第一二九　徽骆驼

朝奉狰狞赛恶魔,徽州籍贯最为多。

高居柜上头垂下,又似双峰屎骆驼。

第一三〇　押店之利率

押店章程最是奇,穷民无奈受其欺。

利钱既属非常重,十日还须作一期。

第一三一　借印子钿

铜钿眼里把身穿,苦煞穷人被债牵。

拔本逐天敲一印,不然利上再生钱。

第一三二　借皮球

穷人借债最难熬,名曰皮球逐节高。

利息天天虽付讫,本钱尚不动分毫。

第一三三　一角过夜

求亲恳友苦如何,借到银元夜乍过。

每块洋钿加一利,这宗取息太为苟。

第一三四　各银行之钞票

中国银行宋汉章，不听袁令抗中央。

力将钞票通常兑，博得人间信用彰。

第一三五　满天飞

银钱关系岂轻微，本票尤为命脉依。

同业同行都信用，别名唤作满天飞。

第一三六　抢帽子与捞帽子

日常经手做多头，略有赢余就出售。

蚀本之时推作客，商人毕竟利惟牟。

第一三七　金价之贵贱

黄金价比白银昂，相去几乎百倍强。

惟是当年欧战际，换来二十大同行。

第一三八　马永贞与霍元甲

力士山东马永贞，同行嫉妒损双睛。

他如霍氏名元甲，也被仇人丧厥生。

第一三九　马玉山与洗冠生

玉山马氏创公司，曾有多人受厥欺。

让彼冠生成伟业，陈皮梅上起根基。

第一四〇　赤脚财神

商人最夥算宁波,鼎鼎英名阿德哥。

何以财神称赤脚,少年曾在苦中过。

第一四一　张聋聋

内科精究老医生,治到伤寒更在行。

惹得病家都注意,张聋聋最有名声。

第一四二　杀人不见血的刽子手

未精医道擅悬壶,用药当然错误多。

人命岂堪供儿戏,称他刽子不为苛。

第一四三　姚天亮、苏鸡啼

每逢宴会兴高提,酒量宽洪善滑稽。

姚氏归家天必亮,苏君席散已鸡啼。

第一四四　交际博士黄警顽

酬酢殷勤黄警顽,四方朋友尽情攀。

许多名氏都牢记,脑力坚强见一斑。

第一四五　外国女律师

遇到民间诉讼时,华洋会审有同知。

代人辩护雷声布,第一申江女律师。

第一四六 大包作头与小包作头

作业无非为利谋,各行大小有包头。

层层剥削重重压,下级工人做马牛。

第一四七 粪夫之双料利益

清早高呼倒马桶,粪夫声势甚汹汹。

既将臭货居奇货,又向人家索喜封。

第一四八 生意和尚讨老婆

和尚缘何生意呼,专供施主念弥陀。

不居寺院居家室,也有儿孙有老婆。

第一四九 电　车

铁线纵横铁轨铺,几如地网与天罗。

电车初试人都怕,说是将来肇祸多。

第一五〇 大家当心点

上下车中一刹那,每闻卖票打招呼。

大家须要当心点,只为人丛胠箧多。

第一五一 东洋车

一辆轻车人力拖,街衢来往疾如梭。

几方照会悬厢后,人以东洋两字呼。

第一五二　野鸡包车

一种街车号目无，也须人力作前驱。

假充专备私家用，其实伊谁悉可租。

第一五三　脚踏黄包车

一部黄包车子前，有人双脚踏轮盘。

虽然翻得新花样，但是行来没几年。

第一五四　黄包车广告

商品全凭广告宣，黄包车上字连篇。

烟云过眼难明白，一刹那间远去焉。

第一五五　不准两人坐车

人力车从马路穿，捕房注意到安全。

章程拟定单人坐，倘不遵行就罚钱。

第一五六　人力车夫苦恼

两脚奔波未克休，汗流如雨气如牛。

伤筋伤骨还伤肺，只为人生衣食求。

第一五七　可恶的车夫

有种车夫盗贼如，良心早已付沦胥。

预将铅角藏于口，硬欲人家换给渠。

第一五八　电　影

黑暗之中见亮光，全凭白布作排场。

离奇怪诞无中有，恰似烟云过眼忙。

第一五九　杂　耍

游戏场中杂耍参，拉铃弄棍玩花坛。

滑稽对白南词外，又有新奇魔术探。

第一六〇　露天舞台

屋角墙边作戏房，鸠形鹄面唱皮簧。

不同仙界无遮会，直是人间罗刹场。

第一六一　露天旅馆

青天为帐地为茵，墙角街沿露体陈。

一枕黄粱犹未熟，可怜寒气已缠身。

第一六二　夜花园

密谈私意两相知，夜里花园最适宜。

鲽鲽鹣鹣言切切，一双双影动迟迟。

第一六三　打倒狮子金刚

牙粉来从日本商，本轻利重好销场。

岂知蝴蝶飞行后，狮子金刚致命伤。

第一六四　各业最多地点

同行嫉妒古来闻，惟有申商善合群。

各业集中如栉比，不嫌生意利权分。

第一六五　天禄之推潭仆远

专营茶食店开张，天禄招牌挂两旁。

多谢书家题四字，推潭仆远义难详。

第一六六　饭店弄堂

零星小吃也无妨，饭店争相集弄堂。

昔日正兴都是馆，而今大陆作商场。

第一六七　荐头店

开店缘何叫荐头，专供仆役作曹邱。

倘能合得东家意，两面皆须索报酬。

第一六八　店员之三副面孔

货品惟供顾客求，店员招待理应周。

缘何面孔生三副，此种商人最下流。

第一六九　理发店门前之三色棍

剃头司务业虽低，店面开来一截齐。

门外高悬三色棍，不几同化法兰西。

第一七〇　砂锅馄饨

寻常食谱亦宜新，最喜时髦上海人。

亏得大中店主黠，砂锅里面裹馄饨。

第一七一　菜　饭

青菜猪油混合成，杨家饭店有名声。

后来同业争生意，各种浇头陆续生。

第一七二　天天大廉价

各货通通大放盘，诳称纪念几周年。

或言不日将关店，其实天天如是焉。

第一七三　接方送药、代客煎药

十分迁就十分忙，目下申江国药商。

既肯接方来送药，且能代客去煎汤。

第一七四　兑换铜元

一班兑换小钱庄，专靠银钱出进忙。

有种奸商真可恶，损人利己太无良。

第一七五　烟纸店的兑价

试把银圆去换钱，相差铜币二三枚。

若逢岁底年头候，勒短几乎百外铟。

第一七六 同业嫉妒

不从货物去求精，徒事斤斤一店名。

谁是老牌谁假冒，几番涉讼到公庭。

第一七七 小儿回春丹

小儿百病也无妨，只要回春丹一方。

各处银楼多寄卖，认明三字敬修堂。

第一七八 华成公司之股票

公司组织叫华成，国货香烟最有名。

只为销场能发达，一张股票价频增。

第一七九 达仁堂的死算盘

商家都把算盘倚，活动人人便取携。

惟有达仁堂药铺，嵌牢台面不能移。

第一八〇 保 险

人生在世本无常，难免从中险阻尝。

独有西人能担保，任何损失尽赔偿。

第一八一 人蜡烛

店伙应知礼貌先，岂堪赤膊在人前。

天公虽则非常热，蜡烛终嫌不雅观。

第一八二　男女翻戏

世道凌夷诡计多，红男绿女密张罗。

都将财色为钩饵，尽有明人落臼窠。

第一八三　倒棺材

梅花一只与人牌，红黑分明是两般。

盒里玄虚随意弄，个中人谓倒棺材。

第一八四　跑老虎当

能将朽腐化神奇，朝奉先生也被欺。

当票一张随路卖，引人前去拓便宜。

第一八五　倒冷饭

馂余饭菜担中装，群丐争来一抢光。

彼辈也将规则来，非经残冷不能尝。

第一八六　小书摊

底事儿童聚一堆，原来群把小书观。

神仙妖怪凭空造，害得青年意志偏。

第一八七　水门汀上告状

粉笔频从地上挥，姓名籍贯写连篇。

若非被难遭沦落，便是寻亲不遇焉。

第一八八　拉一把

黄包车子到桥边,每有人来一把牵。
顷刻伸开乌黑手,无非向客讨铜钱。

第一八九　专做外国人生意的乞丐

一般乞丐最心工,见了西人便鞠躬。
学作洋泾浜上语,居然生意亦兴隆。

第一九〇　赶猪猡

鸠形鹄面话罗苏,可恨街头乞丐多。
沿路跟随真讨厌,求人反说赶猪猡。

第一九一　杀猪猡

沪上荆榛遍地生,冬天宵小更横行。
硬将过客衣裳剥,反把猪猡叫别人。

第一九二　拿开销

街上何来小弟兄,成群结队十分凶。
人家偶有婚丧事,硬要开销不放松。

第一九三　讲斤头

一群无赖集茶楼,轧住人家不肯休。
此辈借端敲竹杠,个中人叫讲斤头。

第一九四　赏光券

戏馆每逢一岁终，许多案目打抽风。

赏光两字名其券，不怕君家不赞同。

第一九五　戤牌头

申江最是杂人稠，碌碌无非衣食谋。

你若经营非法业，终须戤得硬牌头。

第一九六　兜得转与跑得开

各方社会要周旋，作事全凭交际先。

跑得开来兜得转，乃能不吃眼前亏。

第一九七　绑匪

绑匪到处竞横行，肉票为他生意经。

害得富翁心胆怯，纷纷雇用保镖人。

第一九八　白相人嫂嫂

一般嫂嫂口中称，上有台衔白相人。

能说能言能打骂，居然照样纳门生。

第一九九　捉蟋蟀

香烟屁股满街投，自有人来尽量收。

彼辈名为捉蟋蟀，也能博得利蝇头。

第二〇〇　三光党

缘何此党叫三光，吃光用光当亦光。

专靠诈欺过日脚，谓之拆白也无妨。

第二〇一　顶瓜瓜与硬绷绷

广东人最会经商，买卖从无扭捏腔。

货既真兮价亦实，顶瓜瓜与硬绷绷。

第二〇二　抛顶宫

偶过桥边或市中，无端落帽不关风。

强徒胆敢从头攫，彼辈名为抛顶宫。

第二〇三　买户头

一种奸商计出奇，骗人通信购东西。

暗从书局公司里，抄得花名册一批。

第二〇四　买烂东西

破旧东西问有无，肩挑两箪满街呼。

烂铜烂铁都收买，一转移间利倍多。

第二〇五　卖长锭

浦东妇女颇勤劳，朔望明朝记得牢。

挑到一肩长纸锭，问人阿要喊声高。

第二〇六　卖性照片

几幅人间秘戏图，伧夫借此博青蚨。

低声阿要春宫买，独怕街头警察捕。

第二〇七　卖　冰

火伞高张夏日炎，儿童结队卖冰来。

冷阴两字高声喊，肩背蒲包与竹篮。

第二〇八　卖书画

能将书画作生涯，此种商人本不差。

无奈经营偏用夜，希图顾客眼昏花。

第二〇九　卖　经

口念弥陀观世音，几张黄纸点红星。

每从里巷挨家问，阿要西天各种经。

第二一〇　捞锡箔灰

敬鬼缘将纸锭烧，谁知先把活人挑。

由来锡箔真名贵，虽则成灰尽管捞。

第二一一　拾　荒

手执灯光豆一般，深宵僻巷尽徘徊。

肩承一只空篮子，检得零星什物归。

第二一二　上海人口中之老字

方言各处不相谋，总有许多话搭头。

如果口中频用老，的真上海现潮流。

第二一三　宁波人口中之阿字

钟仪庄写作讴歌，不改乡音信口呼。

若是言中多阿字，此人一定籍宁波。

第二一四　算　命

算命先生骗术高，三弦弹拨小锣敲。

谬言人有年灾晦，拜斗禳星一物包。

第二一五　还魂烟

收得香烟屁股回，从新卷就卖铜钱。

这般就叫还魂货，废物堪称利用焉。

第二一六　刺　花

弟兄也要有商标，刺得花来价便高。

但使官厅真要捉，只堪分向各方逃。

第二一七　吃讲茶

双方口角偶然生，同到茶寮讲一声。

倘幸得逢和事老，杯交合卺免纷争。

第二一八　孵豆芽

自古流氓喜狭邪，当光吃尽没生涯。
一条裤子多人着，那不轮流孵豆芽。

第二一九　两个半滑头

上海繁华第一称，滑头角色乘时兴。
个中最是枪花大，也仅三人缺半人。

第二二〇　点香烛

两枝蜡烛一枝香，点得辉煌耀目光。
还是乒乓鞭炮放，那番交涉算收场。

第二二一　揩　油

人家饬仆买东西，尽管揩油不算奇。
你要钿钿来上串，必须步步去亲移。

第二二二　储蓄骗

教人储蓄本相宜，无奈从中肆诈欺。
陆续巨资收进后，突然倒闭效鸿飞。

第二二三　某国浪人

浪人亦即是流民，某国偏偏最著名。
所有一般违法事，他们里面作居停。

第二二四　叫火烛

冬令风高百物干，小心为烛喊声喧。

一根竹柝频频击，狭巷私街去复回。

第二二五　树上开花

与人争利请人帮，所费银钱定要偿。

树上有花开后取，眼前垫款也无妨。

第二二六　抄把子

为因盗案者番生，警察留心到路人。

里巷街坊抄把子，良民也要受虚惊。

第二二七　空头支票

一般市侩最刁奸，支票纷纷任意开。

谁料空头无实款，骗人上当不应该。

第二二八　假钞票

钞票无非代现银，事关信用共应尊。

奈何市上奸刁客，赝鼎拿来混作真。

第二二九　假银币

中国曾将币制垂，往来通用是银圆。

奸人混入铅铜质，常使乡愚受尽冤。

第二三〇　假铺币

整个银元不便分，单双角子遂通行。

无如亦有刁奸客，竟把铜铅混合成。

第二三一　假书画

人心世道日支离，鱼目充珠不算奇。

书画本来称雅品，谁知也有假东西。

第二三二　假客气

世上为人贵率真，往来酬酢意宜诚。

寻常客气无须用，而况当头假字称。

第二三三　髦儿戏

一群少女上氍毹，恍在神仙府里居。

且喜有声兼有色，登场足极视听娱。

图书在版编目(CIP)数据

上海鳞爪 / 郁慕侠著. -- 上海 ：上海书店出版社，
2025.7. -- （近现代史料笔记丛刊）. -- ISBN 978-7
-5458-2481-0

Ⅰ. K295.1

中国国家版本馆 CIP 数据核字第 20256D3Y35 号

责任编辑　顾　佳　王　郡
封面设计　郦书径

近现代史料笔记丛刊

上海鳞爪

郁慕侠　著

出　　版　上海书店出版社
　　　　　（201101　上海市闵行区号景路 159 弄 C 座）
发　　行　上海人民出版社发行中心
印　　刷　江阴市机关印刷服务有限公司
开　　本　889×1194　1/32
印　　张　9.25
版　　次　2025 年 7 月第 1 版
印　　次　2025 年 7 月第 1 次印刷
ISBN 978-7-5458-2481-0/K·533
定　　价　78.00 元